Carl Kindermann

Zur organischen Güterverteilung

Carl Kindermann

Zur organischen Güterverteilung

ISBN/EAN: 9783744709132

Hergestellt in Europa, USA, Kanada, Australien, Japan

Cover: Foto ©ninafisch / pixelio.de

Weitere Bücher finden Sie auf **www.hansebooks.com**

Zur organischen Güterverteilung.

I.
Die allgemeine materielle Lage der Roheisenarbeiter der Vereinigten Staaten von Amerika, besonders Pennsylvaniens.

Habilitationsschrift

von

Dr. phil. et jur. **Carl Kindermann.**

Leipzig,
Verlag von Duncker & Humblot.
1894.

Inhalt.

Seite

Plan des Gesamtwerks . . . . I—XXXIII

Erster Teil.

Die allgemeine materielle Lage der Roheisenarbeiter der Vereinigten Staaten von Amerika, besonders Pennsylvaniens.

Vorwort	XXXVII
Einleitung: Objekt und Methoden im allgemeinen	1
1. Organisationen und Funktionen der Roheisenarbeiter im Überblick	26
2. Löhne	48
3. Kosten der Lebenshaltung	64
4. Hausökonomie	104
5. Bilanz	110
6. Sociale Pathologie	119
Schluſs: Rückblick, Ausblick	130

Plan des Gesamtwerks.

Neben der centralistischen und der pluralistischen Richtung der Güterverteilung tritt bei den höchsten socialen Organismen immer mächtiger eine dritte hervor, welche wir die organische nennen können. Unter der centralistischen, welche besonders im Mittelalter Einfluſs gehabt hat, sammeln sich die Güter bei den leitenden Ständen des Volks, dem Staat und der Kirche, und werden zu den wirtschaftlichen Ständen durch ein Verteilungssystem geleitet, welches im wesentlichen von oben und durch politische Motive geregelt wird. Die pluralistische Tendenz, welche besonders in England zu groſser Bedeutung gekommen ist, wird charakterisiert durch Zerstreuung der Güter an die einzelnen socialen Elemente, durch überwiegenden Besitz der Güter seitens der wirtschaftlichen Elemente, durch Verteilung derselben vor allem zu individuellen Zwecken und ohne Beschränkung von oben her. Innerhalb der organischen Richtung herrscht relatives Eigentumsrecht; Eigentum an Gütern seitens der Stände und einzelnen Elemente wird soweit anerkannt, als es den nötigen Ersatz für ihre Funktionen bietet und dem Wohl des gesamten socialen Organismus dient. Die Güter verteilen sich unter Mitbestimmung der einzelnen und der Gesamtheit, von unten und oben her.

Eine Richtung der Güterverteilung kann nur zu wesentlichem Einfluſs gelangen, wenn sie zugleich mit einer ähnlichen Gesamtrichtung auftritt. Die organische Güterverteilung strebt nicht allein empor; sie wird von einer neuen Gesamttendenz getragen, der organischen Welt- und Wirtschaftsanschauung. Die centralistische oder anthropomorphe Weltanschauung überschätzt den Menschen gegenüber der Natur, schlieſst das Volk starr gegen die Mitvölker ab, stellt die leitenden Stände weit über die wirtschaftlichen, hebt unter den leitenden Ständen die streng führenden, den Staat und die Kirche, gegenüber Kunst und Wissenschaft hervor und begünstigt unter den wirtschaftlichen die rohproducierenden, besonders deren Häupter. Die pluralistische oder individualistische Weltanschauung unterschätzt den Menschen gegenüber der Natur, ist gegen Abschluſs der Völker nach auſsen, wertet die wirtschaftlichen Stände weit höher als die leitenden, begünstigt erheblich unter den leitenden Kunst und Wissenschaft, soweit sie der individualistischen Richtung huldigen, und unter den wirtschaftlichen Industrie und Handel. Die organische Weltanschauung betrachtet den Menschen gegenüber dem Anorganischen und Organischen als primus inter pares, sieht in den Völkern sociale Organismen und sucht sie zu harmonischem Zusammenwirken zu führen, stellt die leitenden Stände relativ über die wirtschaftlichen, weist unter den leitenden der Wissenschaft einen hervorragenden Platz an und schätzt Rohproduktion, Gewerbe, Handel relativ gleich.

Der organischen Gesamttendenz die Stellung als primus inter pares neben den beiden andern zu gewinnen, erscheint als Hauptaufgabe der Wissenschaft, besonders der Nationalökonomie. Wegen ihrer Jugend ist sie noch nicht so einheitlich organisiert, wie es zur Ausübung eines stetigen Einflusses notwendig ist. In allen Ständen zeigen sich bedeutende Ansätze zur Bildung organischer Parteien, besonders in den einzelnen socialen Wissenschaften. Jene Ansätze, welche sich oft viele Jahrzehnte zurückverfolgen lassen, entbehren aber oft eines homogenen Charakters. Dafs man nicht centralistisch oder pluralistisch vorgehn will, zeigt sich mehr in einem Hin- und Herschwanken zwischen jenen Richtungen, in einer äufserlichen Mischung der Elemente beider, als in ihrer organischen Vereinigung. Ferner stehn jene Ansätze nur wenig in Verbindung miteinander; in der Wirtschaft, der Religion, dem Staat, der Kunst, der Wissenschaft geht man ziemlich isoliert vor und hat noch keinen *organischen Glauben* geschaffen, der die vereinzelten Organisationen zu einer mächtigen Gesamtorganisation verbindet und sie den beiden andern Richtungen mit ihrem entwickelten Gedankensystem gewachsen macht. – Der Wissenschaft fällt vor allem die Aufgabe zu, diese Gesamtorganisation zu entwickeln. Sie ist der Stand, dessen vermittelndem Charakter diese Tendenz am meisten entspricht, dessen Vor- oder Rückschreiten als genauester Gradmesser der Macht der organischen Tendenz anzusehn ist. Auch haben Philosophie und Einzelwissenschaften die bedeutendsten Versuche in dieser Richtung gemacht; wir nennen nur die philosophischen Schulen Auguste Comte und Herbert Spencer. – Die Nationalökonomie ist besonders geeignet ein Sammelpunkt für die organische Gesamttendenz zu werden. Sie behandelt das Gebiet, um welches sich in der Gegenwart der heifseste Kampf dreht, das noch am meisten unorganischer Natur ist: die Güterverteilung. Naturgemäs sucht sie eine umfassende Organisation mitzuschaffen, die mit ihr vereint auf jenem Gebiet die organische Richtung durch weitblickende Erziehung entwickelt. Aufserdem hat sie sich unter den socialen Wissenschaften am wenigsten exclusiv benommen; ihre bedeutenden Leiter, besonders Smith, Roscher, Knies, Schäffle und andre, haben — soweit die schwankende Gesamtlage es gestattete — einen weiten Blick für den ganzen socialen Organismus gezeigt und sociologischen Bestrebungen gehuldigt.

Diese Einleitung legt die allgemeinen und speciellen Aufgaben dar, welche der vorliegenden Arbeit auf Grund der gegenwärtigen Gesamtlage erwachsen, und die Methoden, welche diese Aufgaben verlangen. Zuerst wird die organische Anschauung den beiden andern gegenüber weiter charakterisiert, und daraus die allgemeine Aufgabe hergeleitet. Dann wenden wir uns zur Güterverteilung und kennzeichnen unsere specielle Aufgabe. Endlich behandeln wir die Methoden.

Die Charakteristik der grofsen Gesamttendenzen ist eine idealisierte Zeichnung zur vorläufigen Orientierung; der erklärende Teil dieser Arbeit wird eine weitere Ausführung dieser Gedanken mit genauen Belegen bringen. Die drei Richtungen treten einmal nie so übermächtig, scharf abgegrenzt und einheitlich auf, wie sie hier geschildert werden. Bei speciellerer Betrachtung finden sich Züge aus ihnen bei allen Völkern und in fast allen Stadien ihrer Existenz; wir ordnen ein Volk oder ein bestimmtes Lebensalter desselben der Richtung unter, welche durch ihre Mächtigkeit sich wesentlich von den andern abhebt. Zwischen ihnen existieren mannigfache Übergänge; wie in einem Parlament die Rechte unmerklich von der Mittelpartei und diese von der Linken sich absondert, so gehn im ganzen

Centralisation, Organisation, Pluralisierung in einander über. Innerhalb jeder Tendenz giebt es viele Untergruppen extremer und gemäfsigter Natur, wie auf staatlichem Gebiet ein kurzer Blick in ein Parlament zeigt; wir wählen die Untergruppen, welche einen ausschlaggebenden Einflufs erlangt haben. — Weiterhin finden sich die pluralistische und die organische Richtung noch nicht so konsequent und vielfach ausgeprägt, wie die ältere centralistische. Ihre klare Erfassung bietet deshalb viel gröfsere Schwierigkeiten als die der letzteren.

Die centralistische, pluralistische und organische Tendenz unterscheiden sich wesentlich durch die Art des Aufbaus und der Funktion der Völker und ihrer Organe oder Stände. Centralisation ist strenge Zusammenfassung der socialen Elemente und Güter zu festen Massen, die von wenigen Punkten aus lenkbar sind, strenge Über- und Unterordnung oder Exklusivität. Pluralisierung ist lockere Bindung oder Auflösung der socialen Elemente und Güter, Betonung der Individualität jedes einzelnen. Die organische Richtung besteht in Organisation der socialen Elemente und Güter, welche ein harmonisches Zusammenwirken aller Teile gestattet, allen individuellen und generellen Intressen nach Bedürfnis Rechnung trägt. — Die beiden ersten Tendenzen gehn gewaltsam vor und führen dadurch häufig zu heftigen Reaktionen der socialen Körper oder der umgebenden Natur, zu politischen oder wirtschaftlichen Katastrophen; die Initiative zum Handeln, die Aktivität rührt unter der Centralisation von oben her, von den leitenden Ständen, unter der Pluralisierung von unten her, von den einzelnen wirtschaftlichen Elementen. Die letzte Richtung bildet langsam um, trägt rythmischen Charakter; ihre erziehende Thätigkeit verlangt gleiche Aktivität von den Leitern und den

Geleiteten. Die Funktion der ersten Richtung erfolgt unter dem centralistischen Kausalgesetz; wie man im Volk die leitenden Stände resp. deren Häupter fast allein als aktiv betrachtet, so überschätzt man überall in der Welt die generellen Ursachen und führt teleologisch das einzelne Ereignis vorwiegend auf transcendente Gründe oder ähnliche übermächtige Principien zurück. Die Funktion der zweiten Tendenz steht unter dem pluralistischen Kausalgesetz; man unterschätzt die allgemeinen Ursachen, verhält sich ihnen gegenüber skeptisch und überschätzt die Selbständigkeit der Elemente, die Beziehungen zwischen individuellen Ursachen und Wirkungen, glaubt an Thatsachen und von einander unabhängige Naturgesetze. Die Thätigkeit der dritten wird vom organischen Kausalgesetz beherrscht, welches dem generellen und individuellen Geschehn gleicherweise gerecht wird; die Gesamtlage der Welt ist neben dem individuellen Sein stets Ursache, und jede Wirkung auf das letztere erstreckt sich zugleich auf die ganze erstere. – Zur weiteren Erläuterung geben wir für jede Richtung ein Beispiel. Wir wählen möglichst typische aus der Abteilung der höchsten socialen Organismen und skizzieren jedesmal nur die markantesten Züge.

Die centralistische Richtung wird gut durch Deutschland zur mittleren Zeit des Mittelalters charakterisiert. Man strebte nach absoluter Dauer der socialen Institutionen und des Menschen; die Erde, das Wohnhaus der Menschen, galt als unbeweglich, der Gedanke einer socialen Entwicklung war etwas völlig Fremdes, dem Menschen wurde ewige persönliche Dauer zugeschrieben. Alle Initiative in der Welt führte man auf einen Weltschöpfer oder auf metaphysische Principien zurück, im Volk auf Staat und Kirche, resp. deren Häupter. – Die Natur wurde dem Menschen gegenüber unterschätzt. Nur dem Menschen kam eine ewige Seele zu, das Zusammenwirken des Volks mit den anorganischen Kräften in Form von Maschinen und mit den Pflanzen und Tieren war ein geringes. Anorganische und organische Körper glaubte man durch geheimnisvolle Gewaltmittel plötzlich schaffen oder umwandeln zu können. — Im internationalen Leben war Kampf und Abschlufs an der Tagesordnung. Besonders die heidnischen Völker betrachtete man als dauernde Feinde und gewährte ihren Elementen keine oder nur sehr beschränkte Rechte im Lande. — Innerhalb des Volks wurden die streng leitenden Stände, der Staat und die Kirche, den andern gegenüber bei weitem überschätzt; sie bildeten im wesentlichen das Volk. Grofse Teile der Gesamtheit, besonders der Landbevölkerung waren mehr oder weniger unfrei; die wirtschaftlichen Stände besafsen nur soviel Selbständigkeit, als die starre Gebundenheit des Ganzen es gestattete. Der Reichtum setzte sich im wesentlichen aus Acker und Rohprodukten zusammen; er war zum gröfsten Teil in den Händen mächtiger staatlicher und kirchlicher Korporationen resp. deren Häupter, welche ihn nach ihrem Gutdünken an ihre Anhänger und Hintersassen verteilten. Die Preise der Gewerbe und des Handels wurden vielfach durch obrigkeitliche Taxen geregelt, Zinsverbote waren die Gewohnheit. — Unter den leitenden Ständen besafsen Kunst und Wissenschaft fast keine Bedeutung. Die Wissenschaft war nur wenig in Einzelwissenschaften gegliedert; sie bestand in metaphysischen Betrachtungen und daraus abgeleiteten Deduktionen, man beachtete wenig die Thatsachen. Soweit sie sich mit den Dingen dieser Welt beschäftigte, galt ihre ganze Aufmerksamkeit dem Menschen und dem Staatsleben; das Anorganische und Organische würdigte sie nur selten einer eingehenderen Prüfung, die wirtschaftlichen Funktionen waren ihr nur vom staatlichen Standpunkt aus wichtig. Soweit eine Kunst existierte, befaſste sie sich fast allein mit religiösen oder staatlichen Objekten und stellte diese in strengen Formen dar. Die ganze Kirche war hierarchisch gegliedert und sah im Papst ihr unbestrittnes Haupt; ihre Funktionen vollzogen sich nach einem strengen Dogmensystem. Im Staat herrschte strenge Über- und Unterordnung. Dies kam vor allem zum Ausdruck in dem hochentwickelten Lehnssystem; die meisten Ämter hatten die Tendenz erblich zu werden; die Funktion des Staats bestand in Anwendung von Zwangsmitteln. In den Geschlechtern oder Sippen ragte das Oberhaupt weit über den andern Elementen empor; Frauen und unerwachsene Kinder befanden sich in halb dienender Stellung; die engere Familie, Eltern und Kinder, standen weitgehend unter dem Einfluſs der Sippe; die leitende Funktion der Familie überragte ihre wirtschaftliche. — Im Innern der wirtschaftlichen Stände herrschte feste Gebundenheit. Die Rohproduktion wurde unter den wirtschaftlichen Berufen am meisten geschätzt; ihre niedern Elemente waren vielfach an die Scholle gebunden. Formalismus aller Art zog den Gewerben nach auſsen und innen feste Grenzen und formte aus ihren Elementen kompakte Gruppen. Der Handel war gering; die Cirkulation der Güter bewegte sich in engen Grenzen, Naturalwirtschaft herrschte.

Die pluralistische Tendenz ist am breitesten in England, ungefähr zur ersten Hälfte dieses Jahrhunderts, zur Geltung gekommen. Im scharfen Gegensatz zur absoluten Dauer der Centralisation strebte man nach absoluter Beweglichkeit der socialen Institutionen und des Menschen; die Völker, wie die Welt, erschienen als etwas rastlos sich

Wandelndes. Eine einheitliche Initiative erkannte man vielfach weder in der Welt noch im Volk an; den individuellen Elementen wurde überall die Hauptaktivität zugeschrieben, metaphysische Principien wurden als falsch zurückgewiesen oder in abgeblafsten Formen verwertet. — Die Natur überschätzte man dem Menschen gegenüber. Man pries die natürliche Ordnung der Dinge gegenüber der socialen Centralisation und betonte die natürlichen Rechte des Individuums. Die Güter wurden aufserordentlich hoch geschätzt; Natur, Arbeit und Kapital galten als gleichwertige Produktionsfaktoren. — Im internationalen Leben herrschte eine starke Strömung nach Aufschlufs der Grenzen, besonders nach Freihandel. Die Individualität der Völker wurde unterschätzt, man hielt sie für blofse Summen von gleichen Individuen. — Innerhalb des Volks strebte man nach Unabhängigkeit der wirtschaftlichen Stände von den leitenden, besonders vom Staat; man suchte letztere den wirtschaftlichen Intressen dienstbar zu machen und erklärte wirtschaftliche Arbeit für allein wahrhaft nützliche Arbeit. Die Freiheit des einzelnen Individuums, seine Selbständigkeit gegenüber aller Art Autorität war das Ideal auf geistigem oder autoritativem Gebiet. Auf materiellem Gebiet wandte man sich mehr und mehr zu den Grundsätzen der Freiheit des Eigentums und der freien Konkurrenz. Die Regierung sollte sich aller Preisregulierung enthalten, besonders alle Monopole und Prämien im Innern aufheben. Man suchte alle wirtschaftlichen Verbände aufzulösen, welche früher die Preise zusammen mit den einzelnen reguliert hatten; die Meinung herrschte, der einzelne verstehe am besten für sein materielles Wohl zu sorgen. Die Elemente der wirtschaftlichen Stände, vor allem die Unternehmer in Grofsindustrie und Handel rückten in den Vordergrund der materiellen Lage. – Unter den leitenden Ständen wurde der individualistischen Richtung der Wissenschaft überwiegende Bedeutung zugemessen. Die Wissenschaft wandte sich wachsend den Thatsachen und der Induktion zu; man berücksichtigte wenig metaphysische oder andre allgemeine philosophische Sätze. Ihr Objekt wurde vorwiegend die anorganische und organische Natur; im socialen Leben widmete sie der Wirtschaft gröfseres Intresse, relativ wenig dem Staat und der Kirche. Das Anorganische, Organische und Sociale betrachtete sie als ziemlich gleichwertig; sie proklamierte das pluralistische Kausalgesetz, glaubte besonders, dafs auch die Völker ewigen Naturgesetzen unterworfen seien; den Offenbarungswahrheiten der Religion gegenüber verhielt sie sich mehr oder weniger negierend. Die individualistische Nationalökonomie schrieb den drei Produktionsfaktoren Natur, Arbeit, Kapital fast gleiche Bedeutung zu, behandelte in der Lehre von der Güterverteilung die leitenden Stände kaum neben den wirtschaftlichen und widmete dem Handel, dem beweglichsten Glied der Produktion, überwiegende Beachtung. Die Kunst wurde geschätzt, soweit sie realistisch war; diese entnahm ihre Stoffe hauptsächlich dem Natur- und Wirtschaftsleben und strebte nach naturgetreuer Darstellung. Neben der Staatskirche bildeten sich zahlreiche Sekten, welche von einem umfassenden Dogma nichts wissen wollten, für das Individuum im Weltregiment eine relativ selbständige Stellung beanspruchten und oft einen persönlichen Gott nicht anerkannten. Im staatlichen Leben war das Streben nach Decentralisation mächtig; man suchte die Funktion der Regierung zu beschränken und wies ihr im wesentlichen den Schutz der Bürger nach aufsen und innen zu. Die weitere Verwandtschaft trat gegenüber der engeren Familie in den Hintergrund; für eine gewisse Auflockerung der engeren Familie, für mehr oder weniger ausgedehnte Emancipation der Frauen und Kinder bildete sich eine bedeutende Bewegung; die leitende Funktion der Familie begann hinter der wirtschaftlichen zurückzutreten. – Die wirtschaftlichen Stände verlangten nach Decentralisation in ihrem Innern, die älteren Berufsgemeinschaften lösten sich mehr oder weniger in isolierte Privatwirtschaften auf. Die Rohproduktion trat gegenüber Industrie und Handel stark in den Hintergrund; vielfach erklärte man, die Intressen der Rohproduktion stünden im Gegensatz zum allgemeinen Wohl. In der Industrie pries man die Arbeitsteilung und achtete wenig auf die Arbeitsvereinigung; der Aufbau der wirtschaftlichen Elemente in den Fabriken erfolgte auf Antrieb einzelner und stand unter keinerlei Kontrolle oder Leitung seitens gröfserer Wirtschaftsverbände. Der bewegliche Handel und seine Funktion, die Cirkulation der Güter, erfuhren eine starke Überschätzung.

Die organische Tendenz kommt zu relativ klarem Ausdruck in Deutschland während der weiteren Gegenwart. Gegenüber der absoluten Dauer der Centralisation und der absoluten Beweglichkeit der Pluralisierung strebt man nach relativer Dauer, regelmäfsigem Wechsel, Rythmus. Die Welt, die Völker, die socialen Organisationen und die einzelnen Elemente durchlaufen verschiedne Perioden des Seins: bald sind sie in revolutionsartiger Bewegung mehr centralistischer oder mehr pluralistischer Art, bald bewegen sie sich mehr rythmisch, zeigen normalen Charakter oder Gleichgewicht. Theoretisch sind die drei grofsen Tendenzen der socialen Organismen mit ihren verschiednen Gedankensystemen, ihren verschiednen Begriffen von Wahrheit, Recht, Sittlichkeit als gleichwertig anzusehn; in der Praxis verdient eine relative Höherschätzung, ist mehr wahr die, welche am meisten der jeweiligen Gesamtlage der Welt entspricht. So wird in Deutschland während der weiteren Gegenwart die organische Gesamttendenz wachsend höher geschätzt, ohne daſs daneben Centralisation und Pluralisierung ausgeschlossen sind; in den gefährlichsten Momenten socialer Krisen fällt im Gegenteil die Führerschaft entsprechend der veränderten Gesamtlage der Centralisation oder Pluralisierung zu. Die Funktionen des Volks stehn unter dem organischen Kausalgesetz. Eine gleichwertige Berücksichtigung des Generellen und Individuellen wird erstrebt; dem Generellen oder Centralistischen nur soweit ein Vorzug eingeräumt, als es zur Bildung und Wahrung der socialen Organisationen notwendig ist. Der durchgängige Charakter aller Funktionen ist Erziehung, langsame umfassende Umbildung; Initiative, Aktivität wird hierbei von den Leitern und Geleiteten erwartet, nicht einseitig nur von oben oder von unten. – Der Mensch ist der Natur gegenüber primus inter pares, die Natur wird nicht überschätzt und nicht unterschätzt. Das Volk steht mit dem Anorganischen und Organischen in innigstem Zusammenwirken; in den zahlreichen Maschinen, Nutzpflanzen und Nutztieren ist die Natur weitgehend ein sociales Wesen geworden. Natur und Kapital werden hochgeschätzt, relativ höher aber die organisierende Arbeit der socialen Organisationen und ihrer Elemente. – Im internationalen Leben ist erfolgreich und in weitem Maſse eine Vertragspolitik eingeleitet, welche sich gleicherweise von Abschluſs und Aufschluſs der Grenzen fern hält. Das eigne Volk wird nur soweit höher als die andern gestellt, als die Erhaltung seiner Existenz es erfordert. Die Völker gelten als sociale Organismen, deren Gesamtbau, Unterorganisationen und einzelne Elemente relativen Wert haben; man weifs den Bau und die Funktion der niedersten Völker zu würdigen, und wird ihnen nach Möglichkeit gerecht. — Innerhalb des socialen Organismus sind die leitenden Stände relativ den wirtschaftlichen übergeordnet, primi inter pares; ihre Autorität ist soweit begründet, als das harmonische Zusammenwirken aller Organisationen und Elemente es erfordert. Man macht Front sowohl gegen extreme Unterordnung des einzelnen unter einen Stand und der Wirtschaft unter den Staat oder die Kirche, als auch gegen Isolierung der Individuen und Überwuchern wirtschaftlicher und materieller Intressen. Einen socialen Zwischenbau sucht man zu entwickeln, der nach oben einheitlich gestaltet ist, die Befriedigung genereller Bedürfnisse ermöglicht, der nach unten in die mannigfachsten Unterorganisationen ausläuft, in denen die einzelnen Individuen zugleich sich eingliedern und ihre Individualität durch Ausübung leitender und wirtschaftlicher Funktionen harmonisch oder organisch ausgestalten können. Diesen Zwischenbau schafft man nicht durch einseitige Gewaltakte von oben oder unten her, sondern durch umfassende Erziehung, durch Aktivität von oben und unten her. Fragen der Erziehung, der allgemeinen, der wissenschaftlichen, der wirtschaftlichen stehn im Centrum des Intresses. Eine Verteilung der Güter wird erstrebt, welche allen Ständen und ihren Elementen den nötigen Ersatz für ihre Funktionen bietet, soweit sie dem socialen Organismus nach der Gesamtlage der Welt dienen; einseitige Begünstigung der leitenden oder wirtschaftlichen Stände weist man ab. Man erstrebt nicht umfassende Neubildung des absoluten Kollektiveigentums der Centralisation, wie Fideikommisse, staatliche Monopole, absolut bindende obrigkeitliche Preistaxen; ebensowenig weitere Ausgestaltung des absoluten Privateigentums, des laissez faire und der freien Konkurrenz. Man bildet wachsend ein relatives Eigentumsrecht, welches sich wegen seiner Jugend — alle Entwicklung ist mehr oder weniger centralistisch — in etwas centralistischen Bahnen bewegt, aber schon das künftige normale oder organische Stadium erkennen läfst. Die Socialgesetzgebung des Reichs beginnt unter Mitwirkung der Wissenschaft und der wirtschaftlichen Elemente, Organisationen zu schaffen, welche die einfacheren wirtschaftlichen Kreise gegen die Folgen von Krankheit, Invalidität und Alter materiell etwas sichern. Steuern mit Progression und Degression, welche die Reichen ihrer materiellen Kraft entsprechend belasten, kommen mehr und mehr in Aufnahme. Wirtschaftliche Organisationen, wie Arbeitervereine, Schiedsgerichte, sucht man zu bilden, die zusammen mit den einzelnen die Güterverteilung, besonders die Löhne regeln sollen. — Unter den leitenden Ständen nimmt die Wissenschaft, welche am meisten organischer Natur ist, einen hervorragenden Platz ein. Ihre Grundfunktion ist Erziehung, und Erziehung ist das Charakteristische an den Hauptfunktionen aller leitenden Stände; selbst die am meisten centralistische, die militärische Thätigkeit des Staats, ist tief vom Grundsatz der Erziehung durchdrungen. Mehr und mehr tritt die Wissenschaft unter das *organische Kausalgesetz* und den *Satz von der Relativität aller Wahrheit*. Letzterer Satz besagt, dafs kein Stand zu irgend einer Zeit die absolute Wahrheit vertritt, dafs jede Funktion eines Standes und eines einzelnen wahr oder richtig ist, falls sie in Quantität und Qualität dem Wohl des ganzen Volks nach der gesamten Weltlage entspricht. Im Innern versucht die Wissenschaft Organisationen zu entwickeln, welche sich fern halten von einseitiger Centralisation und Zersplitterung in eine unendliche

Zahl kleiner Specialfächer. Die anorganischen Wissenschaften organisiert man durch chemisch-physikalische Gesetze, die organischen durch biologische, die socialen durch sociologische; auch fehlen nicht Bestrebungen, eine neue Philosophie zu begründen, welche die drei Gebiete unter möglichster Wahrung der Individualität aller Unterorganisationen theoretisch vereinigen und in der Anwendung der Wissenschaft den andern Ständen gegenüber einen einheitlichen Charakter verleihen soll. In dieselbe Richtung zielen die wissenschaftlichen Kongresse und Sammelwerke, deren Zahl von Jahr zu Jahr wächst. Nach aufsen beginnt sie n harmonisches Zusammenwirken mit Staat und Religion zu treten. Besonders erkennt sie mehr und mehr, dafs die wissenschaftlichen Wahrheiten — auch die exakten Gesetze — ebenso relativ sind wie die religiösen Wahrheiten, dafs die jeweilige Gesamtlage der Welt die höhere Schätzung der einen oder andern Gruppe verursacht. Die Kunst ist im wesentlichen ideal-realistisch. Ihre Objekte wählt sie fast gleicherweise aus den leitenden und wirtschaftlichen Ständen und der Natur. In der Darstellung wird sie dem Individuellen gerecht und wahrt dabei den einheitlichen Charakter der Komposition. Die Religion beginnt einen vermittelnden Standpunkt einzunehmen. In dem Aufbau der Kirchen und Sekten wird den untern Gliedern und Laien Raum gewährt, soweit es sich mit dem Zusammenhang des Ganzen verträgt. In ihrer Funktion kommt wachsend der Satz von der Relativität der Wahrheit zur Geltung. Die verschiednen Religionen und Konfessionen lernen sich untereinander verstehn und die Wissenschaft als gleichberechtigten Faktor anerkennen. Die Dogmen vertreten nichts absolut Richtiges oder Falsches; sie sind Erscheinungen der Centralisation und auch in der Gegenwart soweit wahr, als eine Centralisation manchen Ständen und Elementen gegenüber nach der Gesamtlage begründet ist. Der Staat geht zunehmend vom centralistischen zum organischen Standpunkt über. In seinem Innern erhalten die untern Organe, wie die Verwaltungen der Provinzen, Städte, Dörfer, gröfsere Selbständigkeit, um die lokalen Intressen neben den generellen nach Möglichkeit zu berücksichtigen. Mit den andern Ständen tritt er in harmonisches Zusammenwirken. Seine wichtigsten Handlungen unterwirft er gemäs einer Konstitution der Kontrolle der übrigen Stände; dem erziehenden Einflufs der Wissenschaft räumt er — auch auf militärischem Gebiet — immer gröfseren Raum ein; mit den wirtschaftlichen Ständen geht er durch Übernahme grofser Transportbetriebe ein kooperatives Verhältnis ein. Mit fremden Völkern sucht er durch Verträge wirtschaftlicher, politischer, künstlerischer, wissenschaftlicher Natur zu einem geordneten Zusammenleben zu gelangen. Die engere Familie wird als unterstes Organ für Leitung und Wirtschaft zugleich geschätzt. Der Hausvater ist primus inter pares; unter Wahrung der Individualität der Kinder und fast gleich berechtigter Mitwirkung der Hausfrau leitet er Erziehung, häusliche Wirtschaft und Güterverteilung. Nach aufsen wird ein harmonisches Zusammenwirken mit den andern Ständen angestrebt; man ist Gegner des centralistischen Überwucherns der Familien im Nepotismus, sowie ihrer Pluralisierung: einseitiger Emancipation der Frauen und Kinder, erheblicher Ehelosigkeit der Männer, der Abgabe erziehender und wirtschaftlicher Funktionen der Familie an andre Stände. – Die drei grofsen wirtschaftlichen Stände: Rohproduktion, Gewerbe, Handel werden gleicherweise geschätzt; nur aus besondern Anlässen erfährt der eine oder andre gröfsere Berücksichtigung. Im Gegensatz zur centralistischen Periode des Mittelalters und zur individualistischen dieses Jahrhunderts sucht man sie nach innen und aufsen organisch zu gliedern, zu organisieren. Die Elemente der verschiednen Berufe werden zu Zwecken der Leitung und der Wirtschaft, besonders der Güterverteilung mehr und mehr zu lokalen und nationalen Organisationen vereinigt; die einzelnen Berufe verbindet man zu höhern Organisationen, welche einen ganzen Stand, wie z. B. das Gewerbe, umfassen; weiter beginnt man, vor allem von Seiten des Handels und der Wissenschaft, die gesamten wirtschaftlichen Stände zu einer einheitlichen Organisation zu führen, welche Produktion, Autoritäts- und Güterverteilung nach innen regelt und ein vollkommneres Zusammenwirken mit den übrigen Ständen ermöglicht. Da alle Entwicklung im Gegensatz zum späteren Normalstadium ein erhebliches Überwiegen der centralistischen Tendenz zeigt, tragen diese Organisationsversuche einen centralistischen Anstrich; dafs sie nicht dauernd oder übermäfsig der Centralisation unterliegen werden, verbürgt die Betonung des Individuellen innerhalb dieser Bewegung und seitens der Gesamttendenz der Zeit. In der Landwirtschaft macht man erhebliche Anstrengung, die isolierten Ackerwirtschaften zu dörflichen und gröfseren Verbänden zusammenzuschliefsen, welche die Produktion, den Kredit und besonders die Erziehung der jungen Generation leiten sollen. Die Gewerbe stehn unter dem Zeichen des fabrikmäfsigen oder organisierten Betriebs; der centralistische Zug, welcher notwendig der Entwicklung dieser Betriebsart anhaftete und zum grofsen Teil noch anhaftet, macht allmählich unter dem Druck der Gesamttendenz, der Berufsgenossenschaften und der Arbeiterorganisationen einem organischen Platz. Auch das flüssigste Element der Wirtschaft, der Handel lenkt in organische

Bahnen ein. Man macht sich von seiner Unter- und Überschätzung frei; organisiert die einzelnen Berufe und ihre Centralstelle, die Börse; grenzt die Pflichten und Rechte der Unternehmer und Gehülfen gegeneinander unter Berücksichtigung ihrer verschiednen Intressen ab; befördert die Cirkulation der Güter, soweit nicht lokale oder nationale Intressen erheblich geschädigt werden.

Falls die Gesamtlage der Welt der organischen Gesamttendenz der höchsten socialen Organismen weiterhin in zunehmendem Mafse — wie es den Anschein hat — günstig ist, ersteht den Völkern, der Wissenschaft und besonders der Nationalökonomie ein weites Gebiet von Aufgaben. Bei allen Ständen Deutschlands, unsres typischen Beispiels, haben wir kräftige organische Ansätze beobachtet, welche ein mächtiges Wachstum versprechen. Zugleich ist klargelegt, dafs die einzelnen Ansätze wohl eine ähnliche Grundtendenz erkennen lassen, aber noch nicht zu einer umfassenden Organisation vereinigt sind, und dafs nach aufsen die neue Richtung noch nicht klar von den beiden andern sich gesondert hat. Das Ziel ist der organische Glaube: die verschiednen Einzelrichtungen organisch auszugestalten und sie in einer Gesamtorganisation oder einer organischen Weltanschauung zusammenzufassen, welche den Unterorganisationen starken Halt bei Erfüllung ihrer individuellen Funktionen gewährt und nach aufsen ein geregeltes Zusammenwirken mit der centralistischen und pluralistischen Gesamttendenz ermöglicht.

Die allgemeinen Aufgaben für die Arbeiten des Verfassers sind danach kurz die folgenden. Sie wollen die Entwicklung des organischen Gedankens unterstützen, dem Bau und den Funktionen der socialen Organismen ein organisches Gepräge verleihen helfen. In der Theorie, welche sich in einen beschreibenden und einen erklärenden Teil sondert, werden Abschnitte aus dem Wirtschaftsleben der weitern Gegenwart, besonders aus der Güterverteilung beschrieben, und ihre charakteristischen Züge auf die grofsen Gesamttendenzen und weiter auf die Gesamtweltlage zurückgeführt. Im angewandten oder praktischen Teil wollen sie auf Grund des speciellen Thatbestands der Gegenwart und des theoretischen Materials die Hauptnormen mit feststellen, welche zur Erhaltung und Förderung des Gleichgewichts der höchsten socialen Organismen, besonders Deutschlands, nach innen und aufsen dienen können, und möglichst allen Organisationen und Funktionen der organischen Richtung zu Grunde liegen sollten. Specieller behandeln sie Mafsnahmen zur organischen Ausgestaltung des wirtschaftlichen Lebens.

Am meisten mangelt der organische Charakter der Güterverteilung. Mit Hülfe des Staats und der Wissenschaft haben Rohproduktion, Gewerbe und Handel einen Grad der Technik erreicht, welcher die Völker in ein gewisses Gleichgewicht mit der umgebenden Natur setzt. Freilich ist dieses Zusammenwirken an manchen Punkten noch mangelhaft und kann besonders von Seiten der Landwirtschaft intensiver gestaltet werden; im ganzen zeigt es indes einen entschieden organischen Charakter und wird unter Führung der Naturwissenschaften voraussichtlich sich ruhig in dieser Richtung weiter entwickeln. Auch die Autoritätsverteilung zwischen leitenden und wirtschaftlichen Ständen und innerhalb der letzteren zeigt, wie wir oben skizziert haben, bedeutende organische Fortschritte. Die Stellung der niedern rohproducierenden und gewerblichen Arbeiter ist zwar noch keine organische; sie wird sich aber wahrscheinlich ohne schwere Eingriffe zu einer solchen entwickeln. Anders die Güterverteilung. Die niedern Gruppen der leitenden und wirtschaftlichen Stände, vor allem des Kleingewerbes und der Grofsindustrie empfangen eine Güterquote, welche ihren Elementen die genügende Erfüllung ihrer Funktionen im Beruf, in der Familie, im Staat, in der Wissenschaft erschwert. Auch hier sind schon organische Ansätze vorhanden, wie wir oben gesehn; einseitige centralistische und pluralistische Einflüsse spielen daneben aber noch eine mächtige Rolle.

Da jene Gruppen wegen ihrer Gröfse wichtige Teile des socialen Organismus sind, erwächst der Nationalökonomie immer dringender die Aufgabe, die Güterverteilung bei ihnen und im ganzen Volk zu beschreiben, sie aus der Gesamtlage zu erklären und Methoden zur bessern Verteilung zu empfehlen. Die Völker werden in der nächsten Zukunft sicher den gröfsten Einfluſs gewinnen, welche diesen allgemeinen locus minoris resistentiae in ihrem Körper am meisten zu mindern verstehn. Im Verein mit ähnlichen zahlreichen Bestrebungen setzt sich die vorliegende Arbeit die Aufgabe, Stücke aus jenem Gebiet der Güterverteilung zu beschreiben und zu erklären, eventuel auch praktische Mafsnahmen zu entwickeln.

Die materielle Lage der Fabrikarbeiter der Vereinigten Staaten von Amerika bietet einen günstigen Ausgangspunkt für diese Studien; der beschreibende Teil der Arbeit beschäftigt sich deshalb mit einigen ihrer wichtigsten Gruppen. Während die höchsten socialen Organismen Europas lange Jahrhunderte in der centralistischen Epoche des Mittelalters verweilt haben und erst nach mehreren Jahrhunderten wachsender Pluralisierung zur organischen Gesamttendenz übergegangen sind, hat die Union in wenigen Jahrhunderten die centralistische und eine kürzere pluralistische Epoche durchlebt und trägt in der weiteren Gegenwart ebenfalls einen wesentlich organischen Charakter. Wichtig wird sie als Forschungsobjekt dadurch, dafs dieser organische Charakter im Vergleich zu dem der höchsten socialen Organismen Europas pluralistisch gefärbt ist. Im Gegensatz zur Gesamtlage Europas, welche neben der organischen Richtung eine kräftige centralistische, eine gewisse Starrheit, bedingt, verursachen die Gesamtumstände der Union: ihre Beziehungen zum anorganischen und organischen Leben, ihre internationalen und nationalen Verhältnisse ein leichtes Vorwiegen der Pluralisierung innerhalb der organischen Grenzen, eine gewisse Beweglichkeit. Die wirtschaftlichen Stände treten kaum hinter den leitenden zurück; das Volk hat — wie treffend bemerkt ist — den Ehrgeiz, der Welt die Möglichkeit der Selbstregierung des Volks zu zeigen. Wissenschaft, Kunst, Staat funktionieren vorwiegend zu Gunsten des Wirtschaftslebens; Wissenschaft und Kunst sind in der Güterverteilung vielfach abhängig von den wirtschaftlichen Ständen; die Stellung des Staats zur Wirtschaft kennzeichnet am besten ein Vergleich Washingtons mit den gewaltigen Industriestädten oder der Staatsgebäude überhaupt mit den wirtschaftlichen Palästen. Besonders nehmen die Fabrikarbeiter einen Platz in der Autoritäts- und Güterverteilung ein, wie nie zuvor. Dann steht der Wissenschaft hier reichhaltiges Urmaterial über die materielle Lage der Arbeiter zu Gebot. Die Union ist allen Völkern in der Entwicklung zahlreicher Arbeitsämter vorangegangen, welche die wirtschaftliche Lage des In- und Auslandes, vor allem die materiellen und autoritativen Verhältnisse der Arbeiter im einzelnen feststellen sollen. Das

Bundesarbeitsamt in Washington und die Arbeitsämter der Einzelstaaten haben schon eine stattliche Reihe statistischer Forschungen veröffentlicht. Endlich verlangt der wachsende Einfluſs der Union, daſs die deutsche Wissenschaft auch aus praktischen Gründen sich mit ihr beschäftigt. Die vielfache Über- und Unterschätzung dieses Volks muſs einer organischen Würdigung weichen. Die europäischen Völker, besonders Deutschland, sollten die Konkurrenz dieses jungen kräftigen Organismus nicht übermäſsig fürchten. In der Wissenschaft, der Kunst und den technisch feineren Gewerben stehn ihnen Machtfaktoren zu Gebot, welche die Union nicht binnen wenigen Jahrzehnten entwickeln kann. Ist sie einst auch in diesen Beziehungen stark, so wird sie voraussichtlich eine breite organische Richtung besitzen, welche nicht den plötzlichen Untergang der europäischen Kultur erstrebt, sondern ihre notwendige Rückbildung allmählich — soweit an ihr liegt — eintreten läſst. Ebenfalls sollte man die Union nicht für ein sich zersetzendes Konglomerat halten, das nur vorübergehend gewaltige Kraftäuſserungen erzeugt. Ein solcher Optimismus, eine solche selbstbewuſste Kraft, wie sich auf allen Arbeitsgebieten dieses Volks offenbart und koncentriert auf der Weltausstellung in Chicago zu Tage trat, ist nicht der charakteristische Zug des Alters oder der Krankheit. Die Union ist ein junger Organismus, welcher sich unter günstigen natürlichen, internationalen und nationalen Bedingungen der Reife nähert und vielleicht die sociale Phylogenie oder Stammesgeschichte der reinen organischen Gesamttendenz einen Schritt näher führen wird.

Dem beschreibenden Teil der Arbeit folgt der erklärende. Hier werden wir eine Theorie entwickeln, welche den induktiv festgestellten Thatbestand deduktiv begründet, ihn aus seiner isolierten Stellung, als einzelne Gruppe von Thatsachen, herausführt und seinen engen Zusammenhang mit der Gesamtlage der Welt darlegt. Zu diesem Zweck wird zunächst die Theorie entwickelt. Wir charakterisieren, ähnlich wie unsre Skizze oben, die drei Grundrichtungen der Güterverteilung und belegen sie mit Beweisen. Diese drei Richtungen versuchen wir auf drei ähnliche Gesamttendenzen der socialen Organismen zurückzuführen und diese weiter auf ähnliche Gesamttendenzen der Welt. Auch wagen wir zu bestimmen, wie sich die grofsen Tendenzen im wesentlichen einander folgen und weshalb sie verschiedne Stärke zu verschiednen Zeiten zeigen, also die Skizze einer socialen Statik und Dynamik zu entwerfen. Nach Darlegung der Theorie gehn wir wieder auf den Thatbestand des beschreibenden Teils ein und fragen, ob er auf Grund der Theorie ebenso zu erwarten ist, wie er sich zeigt, ob Induktion und Deduktion in ein organisches Zusammenwirken treten.

Einen besondern angewandten Teil wird diese Arbeit nicht enthalten; die Forschungen des Verfassers haben sich bis jetzt vorwiegend auf theoretischem Gebiet bewegt. Am Schlufs werden wir indes nach Zusammenfassung der theoretischen Resultate einige praktische Folgerungen daraus herzuleiten versuchen.

In der Skizze über die drei Gesamttendenzen haben wir die Verschiedenheit der centralistischen, pluralistischen und organischen Wissenschaft kurz berührt. Zur Begründung unsrer Methoden erweitern wir jene Charakteristik in einigen Punkten; hieran schliefsen wir kurze specielle Bemerkungen über die Methoden der folgenden Arbeit.

Die centralistische Wissenschaft steht unter dem centralistischen Kausalgesetz. Sie überschätzt in der Welt die generellen Ursachen und führt Dauer und Veränderung in der Natur, sowie im socialen Leben teleologisch vorwiegend auf transcendentale Gründe oder ähnliche übermächtige Principien zurück. Die höchste Wahrheit sieht sie im intuitiven Erkennen, in möglichst apriorischem oder absolutem Wissen; das Erfahrungswissen, welches eine Anpassung oder Koncession an die Umgebung enthält, steht weit hinter allem transcendentalen Wissen zurück. In ihrem inneren Bau überwiegt die Philosophie, und diese ist vorwiegend Socialphilosophie; die Einzelwissenschaften, vor allem die Naturwissenschaften sind wenig ausgebildet. Nach aufsen schliefst sie sich eng an Staat und Kirche an, mit den wirtschaftlichen Ständen steht sie nur in geringer Verbindung. Unter den Funktionen wird die Anwendung stark gegenüber der Theorie betont; da sie ihrer Principien gewifs ist, hat sie nicht lange und vorsichtig zu wägen, ehe sie wagt. Die Theorie verfährt im wesentlichen deduktiv; das einzelne Geschehen wird übermächtig von generellen Principien beherrscht, also mufs es auch aus ihnen vollkommen sich erklären lassen. Die Anwendung empfiehlt Zwangsmittel von oben her und wendet sich mit ihren Dogmen meistens an Staat oder Kirche.

Die pluralistische Wissenschaft lebt unter dem pluralistischen Kausalgesetz. Sie überschätzt in der Welt die Selbständigkeit der Elemente und unterschätzt die generellen Ursachen. Die höchsten Wahrheiten sieht sie im Erfahrungswissen, sie schreibt den einzelnen Thatsachen und den auf ihnen basierenden Naturgesetzen absolute Geltung zu; die abstrakteren Begriffe betrachtet sie mehr oder weniger skeptisch, „nur als Mörtel für die Bausteine der Erfahrung", und verlangt von ihnen, dafs sie sich den Thatsachen fügen.

In ihrem innern Bau treten die Einzelwissenschaften in den Vordergrund und unter diesen die Naturwissenschaften; die Philosophie wird gering geachtet und ist vorwiegend Naturphilosophie. Nach aufsen schliefst sie sich eng an die wirtschaftlichen Stände, welche die Beziehungen zur Natur pflegen; mit Staat und Kirche ist sie nur locker verbunden. Unter den Funktionen überwiegt die Theorie gegenüber der Anwendung; sie sucht möglichst Einzelwissen in allen Richtungen zu erlangen und überläfst gern das Volk und die Individuen sich selbst. Die Theorie verfährt hauptsächlich induktiv; da das Einzelgeschehen unabhängig vom Gesamtgeschehen ist, kann man es durch Einzelforschung oder specieller Beschreibung am besten erklären. Die Anwendung rät zu exspektativen Mitteln, sie verwirft alle Zwangsmittel von oben und empfiehlt Selbsthülfe; ihre Ratschläge richtet sie vor allem an die wirtschaftlichen Stände und das Individuum.

Die organische Richtung unterliegt dem organischen Kausalgesetz. Sie schätzt das Generelle und Individuelle gleicherweise und schreibt beiden zugleich Aktivität und Passivität zu; die Gesamtlage der Welt ist neben dem speciellen Sein stets Ursache und jede Wirkung auf das letztere erstreckt sich zugleich auf die ganze erstere. Sie kennt nur relative Wahrheiten. Die Funktionen der Wissenschaft haben nicht einen absolut höheren Wahrheitsgehalt als die andrer Stände; wer die relativ höhere Wahrheit vertritt, entscheidet die Gesamtlage der Welt. Ebenso wird innerhalb der Wissenschaft bedingt, ob den leitenden Principien oder den Thatsachen oder dem organischen Zusammenschlufs beider höhere Wahrheit zukommt. In ihrem innern Bau sind die Einzelwissenschaften relativ der Philosophie untergeordnet; die Einzelwissenschaften vereinigen sich in Unterorganisationen, so die socialen durch die Sociologie; die Individualität der Specialfächer wird möglichst gewahrt. Die Philosophie verbindet sich gleicherweise mit den anorganischen, organischen und socialen Wissenschaften und schliefst sich nur bei Verschiebungen der Gesamtlage nach Rechts oder Links an das eine oder andre Gebiet mehr an; die Natur- und Socialwissenschaften haben relativ gleiche Geltung und treten nur aus ähnlichem Grunde zeitweis hintereinander zurück. Nach aufsen schliefst sie sich möglichst gleichmäfsig an die leitenden und wirtschaftlichen Stände an; engere Beziehungen zu den einen oder andern unterhält sie wiederum nur aus dem obigen Grunde. Innerhalb der Funktionen stehn Theorie und Anwendung relativ gleich. Beide werden nach Möglichkeit einmal für sich behandelt, damit in der Theorie die Pluralisierung oder Objektivität, in der Anwendung die Centralisation oder die Betonung der Gegenwart und des eignen socialen Organismus sich auslebt; daneben verbindet beide eine enge Organisation, welche jene Pluralisierung und Centralisation zugleich oder organisch zur Wirkung führt. Nach umfassender Erwägung entfaltet die Wissenschaft eine unbeugsame, ruhige Energie im Handeln, solange sie sich mit der Gesamtlage eins weifs. Die Theorie geht deduktiv und induktiv vor; da Einzelgeschehen und Gesamtgeschehen im innigsten Verhältnis stehn, forscht man am besten, indem man Beschreibung und Erklärung einmal möglichst gesondert betont und sie daneben organisch zusammenarbeiten, sich gegenseitig kontrollieren läfst. Die Anwendung verwirft alle extremen centralistischen und pluralistischen Methoden: starke Zwangsmittel und rein exspektatives Verfahren; sie wendet langsam stärkende oder rückbildende Mittel an, sie erzicht. Ihre praktischen Vorschläge breitet sie den leitenden und den wirtschaftlichen Ständen, sowie den Individuen unter; bei jedem Handeln sucht sie alle verfügbaren Kräfte, soweit als nötig, zu einem organischen Zusammenwirken zu bringen. Sie wendet sich mehr an die einen oder andern, je nachdem etwas mehr centralistisch oder pluralistisch gefärbte Mittel in Betracht zu ziehen sind. Bei stark centralistischer oder pluralistischer Gesamtlage — besonders in heftigen Krisen — tritt sie willig von ihrer leitenden Stelle im socialen Organismus zurück; eine extreme oder unorganische Betonung ihrer Existenz liegt ihr fern, auch hier folgt sie dem Satz von der Relativität aller Wahrheit.

Die Arbeiten des Verfassers werden nach Möglichkeit ihrer organischen Aufgabe organische Methoden folgen lassen. Sie streben, sich im Einklang mit dem organischen Kausalgesetz und dem Satz von der Relativität der Wahrheit zu bewegen: ohne centralistische und pluralistische Vorurteile zu forschen und praktisch zu raten. Sie arbeiten mit an der Entwicklung des innern und äufsern Baues der Wissenschaft, welche ein unbedingtes Erfordernis für eine organische Funktion ist; das Individuelle und Generelle der Stände und besonders der einzelnen socialen Wissenschaften wird gegeneinander abgewogen und so der Weg zu einer organischen Gliederung der socialen Wissenschaften untereinander und der gesamten Wissenschaft nach innen und aufsen weiter gebahnt. In der Funktion suchen sie stets den individuellen Charakter der Theorie und der Anwendung, der Beschreibung und der Erklärung im Auge zu behalten und zugleich alle diese Einzelthätigkeiten zu harmonischem Zusammenwirken zu führen.

Die folgende Arbeit ist ein erster Versuch in dieser Richtung und wird mit allen Mängeln eines solchen ausgestattet sein. Wie schon aus der Aufgabe ersichtlich, sondern sich Theorie und Anwendung, Beschreibung und Erklärung. Die Beschreibung bleibt hinter den Anforderungen zurück, weil sie nur enge Gebiete umfafst und auf lückenhaftes Urmaterial sich stützen mufs; die detaillierte Beschreibung grofser Gebiete der wirtschaftlichen Arbeit ist eine Lebensaufgabe, und die Organisation und Funktion der Wirtschaftsstatistik noch in der Entwicklung. Die Erklärung zeichnet nur die Grundlinien und beschränkt sich meistens auf typische Beweise, auch trägt sie stark hypothetischen Charakter. Wegen der Fülle und mangelhaften Organisation des beschreibenden Materials, wegen der geringen Ansätze zu einer höhern Organisation desselben und wegen der Anforderungen des Specialfachs kann man nur schweren Herzens an eine umfassendere Organisation des Wissens gehn. Die organische Gesamtlage bedingt indes die organische Wissenschaft, und die organische Wissenschaft fordert gleiche Berücksichtigung des Speciellen und Generellen. Die Hoffnung stützt uns deshalb, dafs aus dieser unfertigen Erklärung, welche den centralistischen Stempel der Entwicklung trägt, sich einst ein organisches Ganze bilden wird. Die Anwendung endlich wird nur in grofsen Zügen gestreift, weil sie neben den theoretischen Kenntnissen Detailwissen der Gegenwart fordert, dessen Erlangung wiederum eine Lebensaufgabe ist.

Im speciellen erläutern wir hier nur kurz, welchen Mafsstab wir bei Abgrenzung der centralistischen, pluralistischen und organischen Richtung anwenden, und warum wir den Ausdruck „organisch" der dritten Richtung geben. Die organische Wissenschaft der weiteren Gegenwart, besonders die Deutschlands legen wir der Klassifikation zu Grunde. Was dieser nach Rechts und Links in Bau und

Funktion verwandt ist, wird unter die organische Gruppe gerechnet; was ihr nach Rechts oder Links ferner steht, was eine strenger zusammenfassende oder eine mehr auflösende Tendenz hat, ist centralistisch oder pluralistisch. So bezeichneten wir den Charakter der höchsten socialen Organismen in der weiteren Gegenwart als organisch, weil sie im Vergleich zu frühern Zeiten am meisten mit der Tendenz der organischen Wissenschaft harmonieren. Kaum Erwähnung bedarf, dafs dieser Mafsstab ein relativer ist: mit der weiteren Umgestaltung der Völker wird die organische Richtung sich voraussichtlich reiner herausbilden und die heutige Gegenwart vielleicht als centralistische betrachten. — Das Wort „organisch" ziehen wir andern Bezeichnungen, hauptsächlich dem Ausdruck „social" vor, welcher vielfach für diese Richtung benutzt wird. Der Ausdruck „social" wird in zu verschiednem Sinne gebraucht; überdies dient er als Stichwort einer Partei, der Socialdemokratie, welche im wesentlichen einer extrem pluralistischen oder atomistischen Tendenz huldigt und in den Plänen zur Einführung der Neuordnung zuweilen Mittel extremer Centralisation vorschlägt. Unter „organisch" sind wir gewohnt, uns etwas Harmonisches, ein hohes Gleichgewicht vorzustellen. Im übrigen bemühen wir uns, extreme centralistische und pluralistische Ausdrücke zu vermeiden und die gewählten konsequent zu benutzen.

Wie alle Entwicklung, wie die organische Gesamttendenz, wie die folgende Arbeit, so ist diese Einführung stark mit centralistischen Elementen versehn, idealisiert. Wir betonten die leitenden Ideen und gaben nur die notwendigsten Thatsachen als Beispiele dazu. Die drei grofsen Tendenzen wurden in groben Umrissen gezeichnet; die

Thatsachen entnahmen wir nur der Abteilung der höchsten socialen Organismen, manche Stände erfuhren gröfsere Berücksichtigung als andre, die Aufeinanderfolge der Tendenzen und die Gründe für das Überwiegen der organischen in der weiteren Gegenwart wurden nicht weiter erörtert. —

Vielleicht erscheint manchem hiernach die Nationalökonomie zu diesem Unternehmen nicht berechtigt oder die Veröffentlichung dieses Plans verfrüht.

Weshalb die Nationalökonomie — besonders die historische Schule — solche Versuche unternimmt, ist oben kurz begründet. Sie hat am meisten ein Intresse an einer organischen Politik der höchsten socialen Organismen nach innen und aufsen. Ohne sie, ohne eine umfassende Erziehung der Völker in ihrem Innern, in ihren internationalen Beziehungen und in ihrem Verhältnis zur Natur ist keine organische Güterverteilung zu erhoffen. In einem Ministerium wird die Gesamtleitung oft mit Erfolg von einem Minister mit wichtigem Einzelressort ausgeübt; die Nationalökonomie darf getrost an der Gesamtleitung sich beteiligen, so lange die organische Philosophie und Sociologie nicht voll entwickelt sind.

Bei der Veröffentlichung leitete den Verfasser ein doppelter Wunsch. Er will zur Mitarbeit in dieser Richtung anregen. Die weitere Feststellung und Erklärung jener drei socialen Gesamttendenzen vermag den Völkern, der Wissenschaft und besonders der Nationalökonomie — soweit sich voraussehn läfst — einigen Nutzen zu leisten. Ein durchaus modernes Ideal erwächst daraus. Der organischen Tendenz wird sicherer Halt gegenüber allem Drängen von Rechts oder Links; Centralisation und Pluralisierung vermögen wir auch in ihren extremsten Zweigen richtig zu würdigen. Die innere Arbeit der Wissenschaft fördert sie.

Die Kritik alter und neuer wissenschaftlicher Ansichten wird erleichtert; kennt man die Tendenz der Urheber, so kann man die Arbeiten auf Grundlage der Gesamttendenz der Gegenwart von der Wurzel aus abschätzen und Einzelfragen darin schneller zur Entscheidung bringen. Durch klare Abgrenzung und Erklärung der drei Tendenzen, ihrer Ziele und Methoden lernen wir scharf unsere theoretischen Grundaufgaben erfassen und schnell die Gruppe von Methoden finden, welche dahin in kürzester Zeit und mit dem geringsten Kraftaufwand führt. In der Anwendung vermögen wir brauchbare Prognosen aufzustellen, welche Neubildungen im Wirtschaftsleben und auf andern Gebieten im allgemeinen kraftvolle Existenz, schwaches Leben oder frühe Rückbildung erwarten können, und welche Aussichten im allgemeinen die vorhandenen socialen Organismen und ihre Unterorganisationen haben. Die praktischen Aufgaben und Mittel, welche daraus im grofsen sich ergeben, können ohne Vorurteil erwogen und empfohlen werden; da Alles relative Bedeutung hat, entscheidet sich die organische Richtung für rein organische, centralistisch oder pluralistisch gefärbte organische, vorwiegend centralistische oder pluralistische Mittel, je nachdem die Gesamtlage es bedingt. — Ferner hat der Verfasser das Verlangen, den organischen Gedanken auch in seinem Lebenswerk nach Möglichkeit zur Geltung zu bringen. Die Einführung enthält das Leitmotiv, welches seine ganze Arbeit durchziehn, sein Einzelschaffen als ein organisches Ganzes erscheinen lassen soll.

Erster Teil.

Die allgemeine materielle Lage der Roheisenarbeiter der Vereinigten Staaten von Amerika, besonders Pennsylvaniens.

Vorwort.

In diesem ersten Teil beschreiben wir einen Zweig der Eisen- und Stahlindustrie der Union, die Gruppe der Roheisenarbeiter. Jene Gesamtindustrie ist wegen der grofsen Zahl ihrer Elemente und der Menge und Verschiedenheit ihrer Funktionen eine der wichtigsten Berufe in den höchsten socialen Organismen der Gegenwart. Die Gruppe der Roheisenarbeiter vollzieht in ihr die einfachsten Funktionen und nimmt eine niedere Stellung ein. Die Beschreibung der materiellen Lage dieser Gruppe eröffnet uns einen Ausblick, welcher Platz niedern Gewerbebetrieben der Union in der Güterverteilung zukommt.

Die Arbeit beschäftigt sich nur mit der allgemeinen materiellen Lage jener Arbeiter. Eine genaue Schilderung ihrer lokalen Verschiedenheiten in den einzelnen Staaten der Union und ihrer Veränderungen im Laufe der Zeit geben wir nicht; in einer solchen fehlen das statistische Urmaterial und die andern notwendigen Vorarbeiten. Beim Mangel genauerer Darstellungen wird auch eine allgemeinere von Nutzen sein.

Besondern Dank für gütige Unterstützung meiner Arbeit schulde ich Geheimrat Knies und dem Chef des

Arbeitsamts in Washington, Carroll D. Wright. Ersterer hat mir geholfen, klare wissenschaftliche Ideen zu entwickeln, besonders beim Forschen das Specielle und Generelle, die Beschreibung und Erklärung stets in gleicher, organischer Weise zu berücksichtigen; ferner hat er mich bei der Sammlung des Materials unterstützt. Wright hat der Wissenschaft die breiteste Statistik über die materielle Lage der Arbeiter geliefert, mir die Hauptquelle und weitere wichtige Aufschlüsse für die folgende Untersuchung. Der grofsartigen Weltausstellung in Chicago, die ich lange Wochen studiert, verdanke ich vor allem meine Kenntnis des amerikanischen Volkscharakters. Durch die Liebenswürdigkeit der bedeutenden Eisenproducenten des Saarreviers: Gebrüder Stumm, Gebrüder Röchling und Böking & Co. habe ich eingehend den Hochofenprocefs und die Funktionen der Arbeiter dabei studieren können.

Heidelberg, 1. Juni 1894.

Einleitung.

Jedes Ding in der Welt steht im engen Zusammenhang mit allen andern, ist relativ; es zeigt etwas von ihrem generellen Charakter, wird von Dauer und Veränderung der Gesamtlage beeinflufst. Auch der sociale Organismus und jede seiner Unterorganisationen ist abhängig von der anorganischen, organischen und socialen Umgebung. Wollen wir den Charakter eines Standes völlig verstehn, so müssen wir ihn selbst und seine Beziehungen zur Umgebung studieren, ihn beschreiben und erklären. Als das Kompliciertere folgt naturgemäs die Erklärung der Beschreibung; um aber stets jenen innigen Zusammenhang des Objekts mit der Gesamtlage im Auge zu behalten, empfiehlt sich schon in der Einleitung einige Worte über die beherrschende Umgebung zu sagen. Bevor wir unser engeres Objekt und die Methoden näher betrachten, versuchen wir deshalb den allgemeinen Charakter der Union kurz zu skizzieren. Wir sehn die folgenden Züge nicht als absolut genau an und geben von vornherein viele Verschiedenheiten zwischen dem Osten, dem Westen und dem Süden der Union zu; den Kern der Sache glauben wir indes im allgemeinen zu treffen.

Was dem Europäer drüben am meisten in die Augen fällt, ist die Hoffnungsfreudigkeit und Plasticität des Volks, das charakteristische Merkmal eines jungen kräftigen Organismus. Während im türkischen Reich sich Trümmer auf Trümmer häufen und jede Neuerung feindselig aufgenommen wird, herrscht hier ein überstarker Thatendrang und werden die neuen Errungenschaften der Industrie und Wissenschaft mit Eifer aufgenommen. Kaum etwas von Pessimismus oder Erstarrung oder Exklusivität. – Die starke Widerstandskraft und Regenerationsfähigkeit dieses Volks wird am besten durch sein Verhalten in und nach grofsen Krisen gekennzeichnet. Die gewaltigen Brände in Chicago und Boston, welche Tausende von Gebäuden vernichteten, machten die Bevölkerung nicht mutlos; zwischen den rauchenden Trümmern begann man wieder aufzubauen, nach wenigen Jahren stand ein reicherer Stadtteil als früher dort. Die starken Verluste an Menschenleben und Gütern durch den letzten Krieg sind mit Schnelligkeit ausgeglichen; die Staatsfinanzen sind seit längern Jahren in so kräftigem Zustand, dafs man die Invaliden und deren Familien in verschwenderischer Weise hat versorgen können. Die wirtschaftliche Krisis 1893/1894 ist schwer, wie lange keine; viele Gewerbe arbeiten bei stark reducierten Löhnen, auf über zwei Millionen werden die Arbeitslosen — die regulären Arbeitslosen ausgeschlossen — angenommen, viele Arbeiterorganisationen sind gesprengt und vermögen ihren Elementen nicht mehr zu helfen. Trotzdem sind — nach amerikanischen Begriffen — keine übermäfsigen Ausschreitungen zu verzeichnen; der Marsch der Arbeitslosen unter Coxey gegen das Kapitol in Washington wurde als ein grofser Humbug aufgefafst. – Für die ungewöhnliche Anpassungsfähigkeit dieses Volks sprechen ebenfalls bedeutende Zeugnisse. Der Gebrauch des Dampfes und der Elektricität hat hier die weiteste Verbreitung gefunden. In den Fabriken werden Maschinen, wo nur irgend möglich, gebraucht; die Fortbewegung der Personen in hohen Gebäuden und auf den Strafsen der gröfsern Städte geschieht fast ganz durch Maschinen; elektrische Beleuchtung findet sich selbst in den jüngsten Städten, wie Denver, in grofser Ausdehnung. Die Ausstellung in Chicago war durch ihre Existenz und ihre Objekte ein weiterer Beweis. In kurzer Zeit wurde hier eine Organisation von Gebäuden und Menschen geschaffen, die durch ihre Gröfse und Harmonie imponierte. Musterte man in den Gebäuden die Erzeugnisse des Volks von denen des Ackerbaues an bis zu denen der Wissenschaft, so empfing man überall den Eindruck von einer starken Fähigkeit, den intra- und extrasocialen Bedingungen der Gesamtlage Rechnung zu tragen. Die Technik und Erzeugnisse der Rohproduktion und gröberer Gewerbe erschienen den europäischen meistens gewachsen oder überegen; waren Kunstgewerbe und wissenschaftliche Industrien, wie die feinere Mechanik, die chemische Industrie u. s. w., nicht so entwickelt, so erklärt sich dies daraus, dafs Kunst und Wissenschaft und die von ihnen beeinflufsten Gewerbe am spätesten zur Blüte gelangen, und dafs dem pluralistisch-organischen Charakter des Volks mehr die Fabrikware entspricht. Ebenfalls zeigt die Wissenschaft eine rapide Entwicklung. Washington hat einst mit Recht bemerkt, dafs die Union nur durch Pflege der Wissenschaften ihre Freiheit bewahren könne. Die Amerikaner erkennen die Notwendigkeit dieser Pflege voll an; Volk und Regierung bemühen sich, immer bessere Bedingungen für Schulerziehung und Lehrerbildung zu schaffen. Wenige Zahlen, welche sich auf die gesamten Vereinigten Staaten beziehen, genügen dafür zum Beweis[1].

[1] Bericht des Commissioner of Education im Statistical abstract of the United States 1893. Sixteenth number. Washington 1894. S. 264.

Jahr	Bevölkerung im Alter von 5 bis 18 Jahren	Lehrer	Gehälter Dollars	Gesamtausgabe Dollars
1870	12 055 443	200 515	37 832 566	63 396 666
1880	15 065 767	286 593	55 942 972	78 094 687
1890	18 543 201	363 922	91 836 484	140 506 715

Sicher stehn nicht alle Schulen und Lehrer auf hoher Stufe. In der Schulabteilung der Ausstellung und im Verkehr mit den einfacheren Ständen empfing man indes den Eindruck, dafs die Wissenschaft schon Bedeutendes leistet. – Endlich wenig Exklusivität der Stände untereinander, vielfach lockere Bindung der Elemente. Ein bedeutender Grund, dafs Krisen so leicht überwunden werden, liegt in dem relativ leichten Übergang von Stand zu Stand. Jede Arbeit ist nominell — wenn auch nicht stets thatsächlich — gleichgeachtet; auf lange systematische Vorbildung wird weniger gegeben, als auf praktisches Können. Wer geschickt ist, kann leicht zwischen verschiednen Thätigkeiten wechseln und sich den günstigsten Beruf auswählen; erst Fleischer, dann Friseur, endlich Arzt, solche Veränderungen sind nichts Ungewöhnliches. Die Arbeiterunionen machen keinen so scharfen Unterschied zwischen gelernten und ungelernten Arbeitern, wie in England. Ein exklusiver Stand von Staatsbeamten oder Soldaten existiert nicht.

Neben der Plasticität tritt unter den allgemeinen Eindrücken besonders die Gunst der extrasocialen Bedingungen, der Reichtum an anorganischen Stoffen, Nutzpflanzen und Nutztieren hervor. Hierfür lieferte die Ausstellung einen bedeutenden Beweis. Die Gebäude für Bergbau, Ackerbau, Gartenbau, Forstwirtschaft liefsen erkennen, dafs die Union über einen vorläufig unerschöpflichen Schatz an edlen Mineralien, Marmor, Sandstein, Kohle, Eisenerz verfügt, ferner dafs dort die nutzbaren Pflanzen und Tiere in vielen Arten und grofser Menge gedeihn. Die einzelnen Staaten hatten wetteifernd ihre Hauptprodukte in den verschiedensten Qualitäten vorgeführt; Pennsylvanien Kohle und Eisenerze, Minnesota Weizen, Washington Holz, Californien edle Metalle und Früchte und so fort. Leider läfst sich die Gewalt dieses Augenscheins nicht durch Beschreibung der Einzelheiten auf den Leser übertragen; wir ziehen vor, ein Bild von der Gröfse der Rohproduktion durch einige Zahlen über die Ausfuhr der Hauptrohprodukte aus den Vereinigten Staaten zu geben[1].

Artikel	Das Jahr endet mit 30. Juni. Wert in Dollars		
	1883	1889	1892
Tiere (Schlachtvieh, Pferde etc.)	10 786 268	18 374 805	36 498 221
Brotstoffe (Weizen, Mais etc.)	207 473 838	123 876 661	299 363 117
Baumwolle	247 328 721	237 775 270	258 461 241
Früchte (aufser Nüssen)	3 005 942	5 039 224	6 565 461
Leder und Fabrikate daraus	7 923 662	10 747 710	12 084 781
Öle	40 998 138	44 830 545	39 704 152
Fleisch, Butter, Milch, Käse	109 217 119	104 122 444	140 362 159
Tabak, Blätter und Stengel	19 438 066	18 901 068	20 670 045

An die günstigen nationalen und natürlichen Verhältnisse reihen sich günstige internationale. In bedeutendem Gegensatz zu den europäischen Völkern, besonders zu Deutschland hat die Union keine mächtigen Konkurrenten in ihrer Nähe, die sie zu steter Kriegsbereitschaft zwingen.

---

[1] Statistical abstract. Fifteenth number. Washington 1893. S. 143 ff.

Die central- und südamerikanischen Staaten sind meist Republiken, welche zu militärischen Angriffen gegen sie nicht geneigt sind; aufserdem sind sie der Union nicht entfernt an Stärke gewachsen. Canada ist ebenfalls kein Staat, der sie mit Krieg bedroht; verschiedne Teile davon, wie Ontario, zeigen im Gegenteil eine grofse Verwandtschaft mit ihr und stehn einer Einverleibung in den grofsen Nachbarstaat nicht ungünstig gegenüber. Infolge dieser Umstände tritt die militärische Organisation und Funktion des Staats hinter seinen übrigen zurück. Internationale Differenzen sucht man vorwiegend durch Schiedsgerichte und gütliche Vereinbarungen zu beseitigen; in dieser hervorragend organischen Richtung sind die Vereinigten Staaten mit England den übrigen Völkern vorangegangen. Die Elemente fremder Völker erhalten im wesentlichen dieselben Rechte und Pflichten wie die Amerikaner; das gröfste Beispiel dafür ist die Aufnahme der farbigen Bevölkerung der Union als Staatsbürger.

Unter den speciellern Merkmalen der innern Organisation und Funktion tritt hervor, dafs die Regierungen in Washington und den Einzelstaaten infolge der günstigen internationalen Lage ihre Hauptaufgaben in der Volkserziehung und Sorge für die wirtschaftlichen Stände sehn. Der gröfste Teil der Gesetzgebung dreht sich direkt oder indirekt um wirtschaftliche Fragen; die Trennung der politischen Parteien beruht zumeist auf Meinungsdifferenzen über sie. Das Ackerbauamt in Washington steht in engster Fühlung mit den Ackerbauämtern der Einzelstaaten und den Ackerbauschulen; alle diese Organisationen machen die ausgedehntesten wissenschaftlichen und praktischen Experimente und versehn einen jeden auf Wunsch mit vielfacher Belehrung. Am meisten intressant in dieser Richtung sind die staatlichen Arbeitsämter. Um den wirtschaftlichen Klassen wirksam helfen zu können, richtete Massachusetts 1869 ein Arbeitsamt ein, welches unter andern die Aufgaben erhielt, über die Lage der Industrie und über Lohn, Nahrung, Kleidung, Wohnung der Arbeiter Erhebungen anzustellen. Diesem Bureau folgten bald andre, 1884 das der Vereinigten Staaten in Washington; bis zum November 1893 waren in der Union schon 33 vorhanden. Das Resultat ihrer Arbeit besteht in ungefähr 200 Bänden statistischen Materials, für welches Wright, der Commissioner of Labor in Washington, ein ausführliches Verzeichnis hat herstellen lassen [1]. Da zahlreiche dieser Ämter stark unter politischem Einfluſs stehn und ihre Organisationen und Methoden erst allmählich entwickelt haben, sind die Arbeiten nicht alle gleichwertig. Als erster groſser Versuch, über die materielle und autoritative Lage der niedern industriellen Stände Klarheit zu schaffen, sind sie von hoher Wichtigkeit und bilden einen markanten Charakterzug der amerikanischen Regierung. – Ihr Bau ist im allgemeinen organisch gegliedert; die kleinsten Verwaltungskörper (towns) sind zu Kreisen (counties), die Kreise zu Staaten, die Staaten zum Bundesstaat vereinigt. Eine starke Decentralisation tritt darin hervor, daſs die untern Organe bedeutende Selbständigkeit besitzen und die Bundesämter, z. B. das Erziehungsamt, oft nur eine rein beratende Stimme haben.

Ein weiteres eigenartiges Moment ist die Stellung der Religion. Während die Wissenschaft im engsten Zusammenwirken mit der Regierung steht und weitgehende Unterstützung von ihr bei der Volkserziehung, bei statistischen

---

[1] Analysis and index of all reports issued by bureaus of labor statistics in the United States prior to November 1, 1892. Washington 1893.

und andern wissenschaftlichen Feststellungen empfängt, existiert kein officielles Band zwischen Regierung und den einzelnen Kirchen. Letztere haben volle Freiheit sich zu organisieren und im Volke zu arbeiten; die öffentlichen Schulen sind ihnen aber verschlossen, und sie erhalten keine staatliche Unterstützung. Neben den öffentlichen Schulen existieren deshalb religiöse Schulen, besonders katholische, in denen Religion und Wissenschaft zugleich gelehrt werden. Auf der Ausstellung traten diese neben den öffentlichen erheblich hervor; sie enthalten aber im allgemeinen nur einige Procente der schulpflichtigen Bevölkerung. Der Grund jener Trennung ist besonders zu suchen in der Abneigung gegen alle starke Centralisation und in der grofsen Mannigfaltigkeit der religiösen Bekenntnisse innerhalb der Union.

Kunst und Wissenschaft sind in mancher Beziehung dem Wirtschaftsleben untergeordnet. Beide erhalten grofsartige materielle Unterstützung und werden schon relativ hoch geachtet. Soweit sie aber mehr eigne Ziele verfolgen wollen, die nicht direkt praktischen Intressen dienen, finden sie vielfach nicht das nötige breite Intresse. Charakteristisch ist, dafs die Wissenschaft auf der Ausstellung in Chicago kein eignes Gebäude hatte, sondern ihre Organisation und Funktion in den Räumen für Industrie, Elektricität u. s. w. zur Anschauung bringen mufste. Studenten können ohne Schaden für ihre Stellung in den Ferien Kolportagebuchhandel oder den Kellnerberuf betreiben; auf der Ausstellung fuhren sie Fremde in Fahrstühlen herum. – Viele Anzeichen, besonders die stetige Vermehrung der Universitäten und andern Schulen, der Lehrerzahl, der Geldmittel für Schulzwecke, deuten indes darauf hin, dafs die Wissenschaft allmählich eine höhere Stellung gewinnen wird. Auch die amerikanische Kunst, vor allem die Malerei, zeigte auf der Ausstellung die starke Neigung, eine mehr selbständige Rolle zu spielen.

Die wirtschaftlichen Stände und ihre Funktionen bilden den wichtigsten Teil des amerikanischen Lebens. Schon oben haben wir gesehn, wie die Regierung ihr Hauptintresse der Produktion zuwendet. Dasselbe wird durch den Bau der gröfsern Städte bewiesen. Washington tritt an Bedeutung erheblich hinter den grofsen Industrie- und Handelscentren, wie New-York, Brooklyn, Chicago, Philadelphia, Boston, zurück. Das Geschäftsviertel ist das Centrum der grofsen Städte; in ihm liegen ohne grofse Auszeichnung, oft vereinzelt die wenigen Regierungsgebäude; Verwaltung, Justiz, Post teilen sich öfters in ein Gebäude. – Der Hauptstolz der Amerikaner sind ihre Maschinen und Werkzeuge, die weitgehende Erhebung der anorganischen Natur zu einem socialen Wesen. Die Ausstellung war hervorragend eine Verherrlichung der Maschine. Ausgiebig wurde gezeigt, wie schnell und massenhaft durch sie Rohproduktion, Gewerbe und Handel funktionieren können. Bemerkenswert war die vielfache Verwendung der Maschine in der Schuhindustrie; die Vorführung dieses weitverzweigten Betriebes erklärte die Bedeutung, welche dieses Gewerbe in der Union gewonnen hat. – Die Phrase von der Allmacht des Dollars ist in der Gegenwart eine Übertreibung, sie enthält aber ein Korn Wahrheit. Bei der Berufswahl spielt die Zahl der zu gewinnenden Dollars oft die Hauptrolle; ob jemand Arzt, Jurist, Kaufmann oder Industrieller werden soll, ist dann Gegenstand einer reinen Berechnung. Eine bedeutende Hochschätzung der materiellen Güter neben dem autoritativen oder geistigen Ansehn ist allgemein zu beobachten.

Auffallend ist das Hervortreten des Fabrikbetriebs gegenüber Handwerk und Kunstgewerbe. Die geringe Entwicklung des Kunstgewerbes haben wir oben gestreift und kurz zu begründen versucht, hier sind einige Worte der geringen Ausdehnung des Handwerks zu widmen. Auf der Ausstellung, die ein ziemlich getreues Bild der amerikanischen Produktion gab, war von handwerksmäſsigen Betrieben kaum etwas zu entdecken. Gewerbe, wie die Schuhmacherei, welche bei uns noch zum groſsen Teil von Handwerkern betrieben werden, zeigten eine so hoch entwickelte fabrikmäſsige Technik und Produktion, daſs eine erfolgreiche Konkurrenz seitens des Kleingewerbes ausgeschlossen erscheint. Beim Studium der Städte lieſsen sich die bekannten Firmenschilder des Kleingewerbes nirgends finden; nur in ärmeren Vierteln bieten sich Handwerker zu Reparaturen an, haben aber fast stets einen kleinen Laden dabei. Die vorhandnen Handwerker sollen meistens Eingewanderte sein, die sich nicht sofort der amerikanischen Auffassung anbequemen können. Selbst in kleinen Städten — dies sind die Mittelpunkte für eine Anzahl Farmen, da Dörfer meistens fehlen — repariert der Handwerker nur und setzt Fertiges zusammen. Der Laden (store) versorgt die Umgebung mit allen Fabrikaten. - Das Handwerk widerspricht dem pluralistisch-organischen Charakter des amerikanischen Volks. Die producierenden Stände, hier die einfluſsreichsten Konsumenten, verlangen eine mittlere Ware, die sie leicht wechseln können; wie man die Häuser nicht für die Ewigkeit zu bauen liebt und sie sogar öfters über die Straſsen schiebt, so will man auch keine übermäſsig festen Schuhe oder Kleider. Vom Betriebe wird schnelles Zusammenwirken aller Elemente gefordert, Ersparnis an teurer Menschenkraft, Verwertung aller wissenschaftlichen und industriellen Errungenschaften im Maschinenwesen, Benutzung aller Transportmittel für Güter und Nachrichten. Dies vermag nur die Fabrik zu leisten.

Innerhalb des Gewerbestandes ist endlich die materielle und autoritative Lage der Arbeiter bemerkenswert. Wer aus der Stellung der deutschen Fabrikarbeiter Analogieschlüsse auf die der amerikanischen zieht oder gar an den absolut ungünstigen Einfluſs der Maschinen auf die Güter- und Autoritätsverteilung glaubt, muſs auf Grund des Hervortretens des Fabrikbetriebs eine starke Depression der niedern gewerblichen Stände hier erwarten. Das Gegenteil ist der Fall. Über die materielle Lage haben wir später eingehend zu handeln, hier sei nur kurz die relativ günstige autoritative Lage charakterisiert. Im Verkehr mit den Arbeitern fällt sofort ihr höfliches, freies Benehmen auf, das gleich entfernt von Arroganz und Unterwürfigkeit ist; man fühlt, daſs sie sich mit jedem social gleichberechtigt halten. Rechtliche Schranken zwischen ihnen und andern Ständen, wie sie aus Verschiedenheit des Wahlrechts oder der militärischen Stellung folgen, sind nicht vorhanden. Einem intelligenten Arbeiter steht der Weg zu Reichtum und autoritativen Stellen rechtlich und thatsächlich offen; kein andres Volk bietet so zahlreiche Beispiele hierfür. Die Arbeiter können sich organisieren, wie sie wollen. Treffen sich Arbeiter und Unternehmer in einer Restauration, so kann ersterer ohne Gefahr den letzteren zu einem Trunk einladen. Jeder anständig gekleidete Mann darf zu bestimmten Stunden in der Woche mit dem Präsidenten der Republik das bekannte amerikanische Händeschütteln vornehmen. Der ausgezeichneten Stellung, welche die Dienstboten einnehmen, ziehen junge Mädchen oft die Fabrikarbeit vor, weil diese sie unabhängiger macht. Noch nie hat der Verfasser so grofse Menschenmassen wie auf der Ausstellung — sie war oft von 100 000 Menschen und mehr an einem Tage besucht — mit solcher Ruhe sich bewegen sehn; ein jeder machte höflich Platz und erwartete vom andern das Gleiche. – Wie weit die Organisationen der Arbeiter von Einflufs auf ihre materielle und autoritative Lage sind, haben wir hier nicht zu untersuchen; auf jeden Fall bilden auch sie einen charakteristischen Zug im amerikanischen Leben. Fast alle grofsen gewerblichen Produktionszweige sind mehr oder weniger organisiert. Man denkt jetzt sogar daran, eine Generalvereinigung aller herzustellen. Viele Unionen, besonders die der Eisen- und Stahlarbeiter, haben in den letzten Jahren infolge zu herrischen Auftretens und der jetzigen grofsen Krisis Rückschritte gemacht; ihre Existenzberechtigung wird aber selbst von den Unternehmern völlig anerkannt. Die gröfste Macht besitzen die Unionen der Glasindustrie, von denen einige über gewaltige Kapitalien verfügen und die Einstellung von Lehrlingen in den Fabriken mitregulieren. Im Unterschied zu den ältern englischen Unionen sind sie äufserst flüssiger Natur. Ihre Entwicklung und Auflösung liegen oft nah bei einander, besonders die Organisation der Unionen zu höhern Verbänden hat mit grofsen Schwierigkeiten zu kämpfen. Wie in der politischen Decentralisation, so kommt hier der pluralistische Zug im organischen Charakter des Volks zum Ausdruck.

Bei der Wahl des Objekts ist vor allem mafsgebend gewesen, dafs die Schilderung einen weiteren Ausblick auf die materielle Lage des Volks und besonders der niedern gewerblichen Kreise gewähren soll. Zu diesem Zweck ist nötig, dafs der Organisationskreis zahlreiche Elemente umfaſst, daſs er relativ niedere Funktionen erfüllt und daſs er mit der Gesamtlage des Volks in gewisser Harmonie steht. Ist der Organisationskreis ein zu kleiner, stellt er einen zu geringen Bruchteil des Volks dar, so sind Schlüsse auf andre Gruppen sehr gewagt; es könnte sich hier leicht um aufsergewöhnliche Bedingungen handeln. Er muſs relativ niedere Funktionen erfüllen; von der Lage einer solchen Gruppe sind Schlüsse auf die Lage ähnlich niederer Schichten und des Volks im ganzen begründet. Die Breite der untern Grenze des Wohlstandes ist der Maſsstab für den allgemeinen Volkswohlstand; wenigstens bei |Völkern mit organischem Charakter. Bei centralistischen Völkern, wie den meisten orientalischen, wo die Vornehmen das Volk bilden und die übrige Masse kaum in Betracht kommt, würden wir freilich einen andern Maſsstab wählen müssen. Endlich muſs der Organisationskreis mit der Gesamtlage des Volks in gewisser Harmonie stehn; er darf nicht einen wesentlich ältern oder jüngern Charakter als das Volk tragen, muſs von den Hauptbedingungen der Gesamtlage ähnlich wie das Volk beeinfluſst werden. Wählen wir aus der Union eine ganz junge Industrie, wie das Kunstgewerbe, oder eine absterbende, wie das technisch gröbere Kleingewerbe, so sind weitere Schlüsse von hier aus unstatthaft.

Die Eisenindustrie erfüllt jene Bedingungen in hohem Maſse. Sie umfaſst neben der Textilindustrie die zahlreichsten Elemente, hat relativ niedere Produktionszweige und steht in engster Fühlung mit dem amerikanischen Volkscharakter. Wie das Volk bewegt sie sich in ansteigender Linie, ihre Produkte finden wachsende Verwendung. In den Fabriken wächst rapide der Gebrauch der Maschinen; das Eisenbahnnetz umspannt immer gröſsere Flächen; immer mehr Dampfer werden gebaut; immer mehr eiserne Brücken errichtet; bei gröfsern Gebäuden beginnt eine Eisenkonstruktion, welche wie ein Skelet im gesamten Mauerwerk sitzt, den ältern Bauformen starke Konkurrenz zu machen. Die folgende Zusammenstellung beweist das starke Anwachsen der Roheisen- und Stahlproduktion der Union im Verhältnis zu ihrer eignen frühern Produktion und zu der Englands. Ihr Verfasser ist der in Amerika hochgeschätzte Eisenstatistiker J. Swank; die Tonnen sind grofstons und halten 2240 amerikanische Pfund; die erste Tabelle behandelt die Roheisenproduktion, die zweite die Stahlproduktion[1].

Jahre	England. Grofstons	Union. Grofstons	Jahre	England. Grofstons	Union. Grofstons
1872	6 741 929	2 548 713	1882	8 586 680	4 623 323
1873	6 566 451	2 560 963	1883	8 529 300	4 595 510
1874	5 991 408	2 401 262	1884	7 811 727	4 097 868
1875	6 365 462	2 023 733	1885	7 415 469	4 044 526
1876	6 555 997	1 868 961	1886	7 009 754	5 683 329
1877	6 608 664	2 066 594	1887	7 559 518	6 417 148
1878	6 381 051	2 301 215	1888	7 998 969	6 489 738
1879	5 995 337	2 741 853	1889	8 322 824	7 603 642
1880	7 749 233	3 835 191	1890	7 904 214	9 202 703
1881	8 144 449	4 144 254	1891	7 406 064	8 279 870

Jahre	Union. Grofstons	England. Grofstons	Jahre	Union. Grofstons	England. Grofstons
1878	731 977	1 063 027	1885	1 711 920	1 968 045
1879	935 273	1 089 511	1886	2 562 503	2 344 670
1880	1 247 335	1 375 382	1887	3 339 071	3 150 507
1881	1 588 314	1 859 719	1888	2 899 440	3 405 536
1882	1 736 692	2 189 649	1889	3 385 732	3 669 960
1883	1 673 535	2 088 880	1890	4 277 071	3 679 043
1884	1 550 879	1 854 926	1891	3 904 240	3 256 543

[1] Annual statistical report of the american iron and steel association. Philadelphia 1893. Anhang S. 7. 15.

Die Roheisenindustrie bildet in der Eisenindustrie die niederste Gruppe und nimmt bei der Güterverteilung eine verhältnismäfsig ungünstige Stelle ein. Fraglos sind ihre Funktionen viel einfacher als die der feineren Mechanik, der Maschinen-, Werkzeugfabriken u. s. w., und die Löhne niedriger dort als hier. Auch der weniger komplicierten Stahlindustrie ist sie untergeordnet. Die Funktionen der Hochofenarbeiter sind teilweis schwere, wie die der Gichter, teilweis gefährliche und verantwortliche, wie die der Schmelzer; auch fordern sie, wie die der Schmelzer, Gebläseleute und Maschinisten, eine gewisse Vorbildung. Aber weder in der Gefahr, noch in der Schwere, noch in der Verantwortlichkeit, noch in der Vorbildung erreichen sie die Funktionen grofser Gruppen der Stahlarbeiter, besonders der Konverterleute, Schweifser und Walzer. Entsprechend sind auch die Löhne der Roheisenarbeiter im allgemeinen niedriger.

Um die Arbeit nicht durch Vorführung oft unwesentlicher lokaler Bedingungen zu zersplittern, werden wir Pennsylvanien, den wichtigsten Staat für Roheisenproduktion, in den Vordergrund des Studiums rücken. Pennsylvanien befafst sich seit langen Jahrzehnten mit dieser Produktion; schon 1759 werden seine Eisenwerke als die besten aller amerikanischen Kolonien bezeichnet. Es ist durch seinen Kohlen- und Eisenerzreichtum ausgezeichnet und vermag infolge seiner Lage leicht über das Meer und von der erzreichen Region am Lake Superior weitere Eisenerze zu beziehen. Im Jahr 1892 besafs es 213 Hochöfen und producierte 4193805 Tonnen (ton = 2240 amerikanische Pfund) Roheisen; Ohio, der nächst bedeutende Staat, hatte 70 Hochöfen und producierte 1221913 Tonnen; die Gesamtzahl der Hochöfen in der Union betrug 562, ihre Produktion

9 157 000 Tonnen. Pennsylvanien producierte also fast die Hälfte alles amerikanischen Roheisens[1]. Ein weiterer Grund für obige Beschränkung wird unter der Methode behandelt werden. Wegen nicht genügender Verarbeitung des statistischen Urmaterials mufste eine Neuordnung desselben vorgenommen werden; diese war wegen Mangels an statistisch geschulten Hülfskräften nicht für alle Staaten ausführbar.

Wir beabsichtigen keine specielle Beschreibung der Entwicklung der materiellen Lage der Roheisenarbeiter zu geben, sondern im wesentlichen eine Darstellung der Jahre 1888 1889. Diese Jahre sind relativ normale für die Gesamt- und Roheisenindustrie der Union und werden von unsrer Hauptquelle besonders behandelt. Die Union leidet wie die europäischen Staaten an zeitweisen wirtschaftlichen Krisen, die gewöhnlich die Folge starker Überproduktion sind. Um einen Überblick über die materielle Lage einer Arbeitergruppe zu gewinnen, darf man nicht Zeiten wählen, welche sich durch Über- oder Unterproduktion und dadurch bedingte Preisverschiebungen charakterisieren; sonst würde ein durchaus schiefes Bild daraus resultieren. Das relativ Normale mufs in den Vordergrund treten, und erst bei der allgemeinen Schätzung sind die anormalen Zeiten zu berücksichtigen. Unter den grofsen Krisen der Union aus letzter Zeit sind besonders schwere die von 1873—1878, 1882—1886 und die gegenwärtige von 1893—?. Während die Roheisenproduktion 1873 noch 2 560 963 grofstons betrug, fiel sie 1874 auf 2 401 262, 1875 auf 2 023 733, 1876 auf 1 868 961 und stieg erst wieder allmählich von 2 066 594 im Jahr 1877 auf 2 301 215 im Jahr 1878. Im Jahr 1882

---

[1] Statistical abstract. Fifteenth number, S. 211.

betrug die Roheisenproduktion 4623323 grofstons, sie fiel 1883 auf 4595510, 1884 auf 4097868, 1885 auf 4044526 und stieg erst wieder 1886 auf 5683329 [1]. Die Jahre 1887—1889 sind Jahre allmählicher Entwicklung: 6417148 (1887), 6489738 (1888), 7603642 (1889) [2]. Von da an beginnt ein hastiger Aufschwung: 9202703 (1890), 8279870 (1891), 9157000 (1892), welcher den Sturz von 1893/1894 voraussehn läfst [3]. Weil die Lohnerhöhung nur nach und nach dem Aufschwung einer Industrie zu folgen pflegt und die Lohnerniedrigung nur allmählich nach einer Depression nachläfst, können wir die Jahre 1888/1889, welche fast in der Mitte zwischen zwei Depressionen liegen, als relativ normale in bezug auf Güterverteilung ansehn.

Die Beschreibung der materiellen Lage einer Arbeitergruppe kann auf Grund des statistischen und sonstigen Urmaterials der Gegenwart nur in allgemeinen Zügen gegeben werden. Wir sehn von der indirekten Methode ganz ab, welche aus einzelnen charakteristischen Merkmalen der materiellen Lage des gesamten Volks Schlüsse auf eine bestimmte Gruppe ziehen will. Aus dem Konsum an Fleisch, Wolle etc. seitens des Volks auf die materielle Lage einer Gruppe oder gar eines socialen Elements zu schliefsen, ist nur eine vorläufige, ungenaue Orientierung; hierbei wird die grofse qualitative Verschiedenheit der socialen Gruppen und Elemente völlig ignoriert Mit einiger Aussicht auf Erfolg ist nur die direkte Methode zu benutzen, welche die

---

[1] Annual statistical report of the american iron and steel association. Anhang S. 7.
[2] Ebendaselbst.
[3] Statistical abstract. Fifteenth number, S. 211.

Lage des Standes selbst untersucht. Hier stoſsen wir auf drei schwierige Punkte. Die materielle Lage ist das Ergebnis zahlreicher Komponenten, welche zum Teil nicht statistisch erforschbar, sondern einfach abzuschätzen sind; wir müssen uns vor allem an die Aussagen der Arbeiter halten, welche mit socialwissenschaftlichen Forschungen nicht vertraut sind; wir können nur Stichproben, nicht Totalfeststellungen erhalten. – Die zahlreichen Komponenten sind die vielen Verhältnisse zu Gütern und andern Ständen, in denen auch die Elemente einer einfachen Gruppe, wie die Roheisenarbeiter, stehn. Es genügt nicht, die Löhne festzustellen, weil je nach der Lage des Volks dafür verschiedne Mengen Güter erstanden werden. Es genügt ferner nicht, die Art und Menge der dafür gekauften Güter — die Ausgaben — daneben in betracht zu ziehn. Denn die Bilanz aus beiden ergiebt nur, ob ein bestimmter Einnahmeposten in einem Jahr überschritten ist oder nicht; sie sagt uns nicht oder nur indirekt, ob die Güter ökonomisch zur Erfüllung der verschiednen Funktionen der Arbeiter angewandt sind oder nicht. Wir müssen auch die Hausökonomie in Erwägung ziehn; aus diesen drei Punkten zusammen erfahren wir im wesentlichen, welche Güter einkommen und wie sie zum Verbrauch vorbereitet werden. Damit stehn wir noch bei den Aktiven der materiellen Lage, wenn auch die Hausökonomie schon teilweis zur folgenden Gruppe gehört, Funktionen der Roheisenarbeiter enthält. Die weitere groſse Frage ist, welche Funktionen von der Arbeitergruppe zu leisten sind; das Güterquantum muſs mit der gesamten Kraftausgabe verglichen werden. Die günstige Jahresbilanz einer Gruppe oder der Empfang einer relativ groſsen Güterquote beweisen noch nicht die Gesundheit der materiellen Lage; die günstige Jahresbilanz kann durch übermäfsige Sparsamkeit erreicht sein, der grofsen Güterquote kann eine übermäfsig hohe Arbeitsleistung gegenüber stehn. Unter den Kraftausgaben kommt vor allem in betracht einmal die Gröfse der Berufsarbeit: ihre Länge, Schwere, Gefährlichkeit, Verantwortlichkeit, die dazu nötige Vorbildung, dann die Erhaltung der Familie; daneben stehn die Leistung an den Staat, die Religion, die Schule; endlich sind auch die natürlichen Verhältnisse, besonders die klimatischen zu beachten, in denen eine Gruppe lebt. Erst nach Berücksichtigung aller dieser Punkte wissen wir, ob eine Arbeitergruppe in hinreichenden Besitz von Gütern gesetzt wird oder nicht. Diese weitere Bilanz — im Gegensatz zur gewöhnlichen engeren — ist bis jetzt nur allgemein abzuschätzen, nicht quantitativ zu fixieren; wichtige Posten, wie die Hausökonomie und die Gröfse der Berufsarbeit, sind statistisch nur wenig erforschbar, die Einflüsse des Klimas kaum annähernd zu bestimmen. - Ferner müssen wir uns bei der Forschung grofsenteils auf die Aussagen der Arbeiter stützen, nur über die Löhne und die Gröfse der Arbeit können wir uns auch an die Unternehmer wenden. Die Löhne für einen gewissen Zeitraum, wie ein Jahr, zu berechnen, macht dem Arbeiter Schwierigkeit, da er selten Buch führt und bei Accord- und Zeitlöhnen verschiedne Einnahmen zu verschiednen Zeiten hat. Die Familien schreiben kaum ihre Ausgaben an; sie vermögen daher meistens nur ungenau über Art, Menge und Detailpreis der Güter Auskunft zu geben. Die Arbeiter stehn auch vielfach statistischen Erhebungen mifstrauisch gegenüber. - Endlich sind wir auf Stichproben angewiesen. Wären schon einheitlich organisierte Arbeitergruppen vorhanden, deren Vorstände die einzelnen Elemente über Statistik belehren und regelmäfsig Erhebungen über die materielle Lage aller

Elemente veranstalten, so könnten wir mit dem Urmaterial, das diese sammeln, einigermaßen sicher operieren. Verbände mit solchen Funktionen existieren indes auch in Amerika noch nicht, wir sind daher auf Feststellungen seitens der öffentlichen statistischen Ämter angewiesen. Diese können wohl Gesamterhebungen über Löhne unternehmen, aber nicht die Budgets der Mehrzahl der Arbeiter statistisch verfolgen; die Belehrung und Befragung so großer Massen würde unüberwindliche Schwierigkeiten machen. Wir müssen uns deshalb mit Stichproben begnügen. Sind diese vorurteilsfrei genommen, so bieten sie der Forschung eine vorläufige Grundlage. Freiheit von Vorurteilen aller Art und andern unwissenschaftlichen Beeinflussungen ist freilich bei Herstellung des Urmaterials unerläßlich; dies vor seiner Benutzung festzustellen, ist unsere Hauptaufgabe.

Bei der vorliegenden Beschreibung stützen wir uns zum großen Teil auf das Urmaterial des Arbeitsamts in Washington; wir geben daher einige kurze Notizen über dieses Amt und seine Arbeit, welche mir teilweis sein Leiter in liebenswürdiger Weise auf meine Anfrage geliefert hat. Chef ist seit Entstehung des Amts Carroll D. Wright, in der Union hochgeschätzt als Nationalökonom, Statistiker und unabhängiger Charakter. Das Amt ist verhältnismäßig unabhängig von der Politik der Regierung; es hat einzig die Aufgabe erhalten, Thatsachen zu sammeln, besonders über die Lage der industriellen Arbeiter. Für diese Selbständigkeit spricht, daß der Republikaner Wright auch unter demokratischer Herrschaft seinen Posten behalten hat, und daß dem Amt von allen politischen Parteien Vertrauen geschenkt wird. Es ist relativ unabhängig von Unternehmern und Arbeitern; haben auch industrielle Organisationen, ähnlich wie die politischen, Einfluß auf die Ernennung der höchsten Beamten, so können sie doch die Funktion des Bureaus nicht beeinflussen. Die Wissenschaft steht mit dem Amt in keiner direkten Verbindung. Eine bestimmte wissenschaftliche Vorbildung wird von keinem Beamten gefordert; die obern Beamten erwerben die nötige Kenntnis durch die praktische Beschäftigung, die untern werden für jeden Fall mit bestimmten Instruktionen versehn. Auch hat die Wissenschaft keine Macht, das Amt zu Forschungen, die sie für notwendig hält, zu veranlassen. Dieser Mangel wird dadurch vorläufig ausgeglichen, daſs sein Leiter wissenschaftliche Bedeutung besitzt. Die Unabhängigkeit des Amts wird erhöht, indem seine sämtlichen Beamten im Innen- und Aufsendienst in der Regel bezahlt werden; das Gehalt rangiert ca. von $ 50 bis 150 per Monat, die Aufsenbeamten erhalten bis zu $ 1000 per Jahr und Rückerstattung aller Reisespesen. Die Forschung geschieht durch mündliches Befragen; schriftlich wird nur im Notfall vorgegangen. Löhne, Produktionskosten etc. werden von den Beamten direkt aus den Geschäftsbüchern der Unternehmer kopiert; die Arbeiter werden mündlich um Aussagen über ihre Löhne etc. ersucht. Mifstrauen findet das Bureau mehr bei den Unternehmern als bei den Arbeitern; im allgemeinen ist es nicht übergroſs. Die Mängel, welche sich bei der Befragung der Arbeiter ergeben, rühren mehr von Unfähigkeit her als von Abneigung gegen statistische Forschung. Zur statistischen Befragung werden ohne Unterschied alle Unternehmer und Arbeiter herangezogen, welche bereit und fähig sind, die zur Feststellung des Thatbestands nötigen Antworten zu geben. Trotz seiner kurzen Existenz blickt das Bureau schon auf eine grofse Zahl statistischer Arbeiten zurück; unter diesen ragen an Umfang besonders hervor die Erhebungen über die Produktionskosten und die materielle Lage der Arbeiter in der Eisen-, Stahl-, Textil- und Glasindustrie.

In solcher Weise ist 1888/1889 die Erhebung über die Produktionskosten der Roheisenindustrie erfolgt, sowie über die Familienverhältnisse, Löhne, Arbeitszeit, Arbeitsleistung und Kosten der Lebenshaltung der Roheisenarbeiter. Wir lassen hier aufser Acht die Erhebungen über die Produktionskosten, und dafs alle diese Feststellungen auch für europäische Länder, die hier in betracht kommen, vorgenommen sind. Über Löhne, Arbeitszeit und Arbeitsleistung der Arbeiter sind eine Reihe Unternehmer der Union befragt; über ihre Familienverhältnisse, Löhne und Kosten der Lebenshaltung Arbeiter aus den Fabriken, deren Inhaber über Obiges Auskunft gegeben. Die Staaten sind zur Erforschung ausgewählt, welche besonders Roheisen producieren, und ungefähr ist die Zahl der Befragten der Bedeutung des Staats, als Roheisenproducent, angepafst. Die Vertreter der Arbeiter sind möglichst allen Untergruppen entnommen, welche bei der Roheisenproduktion eine specielle Funktion ausüben; wir erhalten somit ein Bild, wie die einzelnen Schichten der Roheisenarbeiter zu einander sich verhalten. – Soweit giebt das Urmaterial zu Bedenken keinen Anlafs; für die folgenden Punkte erheben sich einige, die freilich zum Teil nicht zu beseitigen waren. Die Namen und Lage der Fabrik haben nicht genannt werden dürfen; wir erfahren nur, ob die Fabrik zu den Nord- oder Südstaaten gehört. Bei den Arbeitern ist angegeben, zu welchem Staat sie gehören und ob sie Amerikaner oder Einwanderer sind; der Name ihrer Fabrik ist nicht bezeichnet, weil sonst die Fabrik dadurch bekannt geworden wäre. Somit können wir die Lohnangaben der Unternehmer und Arbeiter nicht durch einander kontrollieren.

Ferner sind im Urmaterial die Arbeiter nur nach Staaten, nicht nach ihren speciellen Berufen angeordnet; unter Pennsylvanien z. B. steht ein Tagelöhner, dann ein Gichter, dann ein Schmelzer, dann ein Werkmeister. Offenbar genügt nicht, den Durchschnittslohn aller Roheisenarbeiter eines Staates zu kennen — diese Berechnung hat das Arbeitsamt vorgenommen —; hierbei wird die Lage der untersten und obersten Schichten durch die hohen resp. niedern Löhne der Gegenseite verdunkelt. Wir müssen die Verhältnisse der einzelnen Untergruppen studieren; dazu war die Zusammenstellung aller Arbeiter derselben Art notwendig. Will man diese Berechnung vornehmen, so ist man gezwungen, das Urmaterial von neuem aufzubereiten. Weiter ist die Bezeichnung des Berufs der verschiednen Arbeiter nicht nach einem einheitlichen Schema vorgenommen. Wie in Deutschland, so benennen in Amerika die Fabriken oft gleiche Arbeiterklassen verschieden. Da nur diese Lokalnamen angegeben sind, ist eine genaue Klassifikation der Arbeiter öfters unmöglich. Die Zahlen des Urmaterials geben, soweit ersichtlich, zu gröfseren Ausständen keinen Anlafs. Dafs beim Arbeiter unter Nr. 628 kein Kind vorhanden und doch eine Kleiderrechnung unter der Rubrik „Kinder" eingestellt ist, erklärt sich vielleicht daraus, dafs das Kind während des Jahres gestorben ist; dies hätte freilich bemerkt werden müssen. Einige weitere Ungenauigkeiten werden wir später erwähnen.

Zur Erforschung der pathologischen Seite unsres Objekts steht uns hauptsächlich das Werk des Amts über industrielle Krisen zu Gebot. Wie später die Eisenindustrie, hat es 1885 in seinem Erstlingswerk die damalige grofse wirtschaftliche Krisis untersucht und damit interessante Vergleiche dieser Krisis mit frühern amerikanischen und europäischen verbunden. Die Arbeit behandelt die Roheisenindustrie nicht besonders und bietet uns somit über sie kein umfassendes Material. Zur Feststellung der Thatsachen hat es sich an Unternehmer und andre statistische Bureaus von Bedeutung gewendet; die Arbeiter sind hier nicht über ihre Löhne, Lebenshaltung u. s. w. befragt.

Der Census von 1890 über Arbeitslöhne und andre die Roheisenarbeiter betreffende Punkte ist noch nicht veröffentlicht. Wir können nur einige allgemeine Zusammenstellungen der Bulletins über die Zahl der Eisenarbeiter, die Höhe ihrer Gesamtlöhne u. s. w. benutzen. – Gern hätten wir die Statistik der Einzelstaaten, die hier in betracht kommen, besonders die Pennsylvaniens, zur Kontrolle verwertet. Forschungen über die Jahre 1888/1889 sind uns indes nicht zugänglich geworden. – Um die Kosten der Lebenshaltung in einigen Punkten genauer darzustellen, verwerten wir das grofse Werk des Senats in Washington über Preise und Löhne aus den Jahren 1892/1893. Die Bedeutung des Senats und der Name Wrights, welcher auch bei diesen Forschungen beteiligt ist, bürgt uns für die allgemeine Zuverlässigkeit der Thatsachen.

Über die Methoden des Verfassers ist nur ein kurzes Wort hinzuzufügen. Die Studienzeit in Amerika hat er vor allem benutzt, in den gesamten Volkscharakter einzudringen und das vorhandene Urmaterial für Fragen, die ihn intressieren, zu sammeln. Er hielt dies für richtiger, als selbst an der Feststellung des Urmaterials in ausgedehntem Mafse teilzunehmen. Einmal vermag der einzelne Forscher in dieser Richtung wenig, dann findet er als Ausländer und wegen mangelnder Kenntnis der technischen Ausdrücke kaum überwindliche Schwierigkeiten; überdies ist ohne vorheriges Studium des Volkscharakters keine

Specialforschung möglich. Die Forschungsreise war durch einen zweimaligen Aufenthalt in England vorbereitet. — Das Urmaterial hat er einer Umarbeitung unterworfen, um die materielle Lage der verschiednen Untergruppen der Roheisenarbeiter nach Möglichkeit klarzustellen. Da es an statistisch vorgebildeten Hülfskräften fehlte, sind allein die Budgets der pennsylvanischen Arbeiter völlig neu geordnet. Nur bei besonders wichtigen Punkten, z. B. den Löhnen, dem Hauszins, dem Fleischverbrauch, wurden auch die übrigen Staaten eingehender berücksichtigt. — Die Produktion des Roheisens und die Funktionen der Arbeitergruppen dabei hat er besonders im Saarrevier studiert. Nach dem Urteil Sachverständiger sind die deutschen Verhältnisse hier ähnlich den amerikanischen; aufserdem hat er sich an amerikanische Sachverständige in Pennsylvanien, Illinois und Maryland gewendet. — Die Höhe der Löhne, die Kosten der Lebenshaltung u. s. w. werden sämtlich in Dollars gegeben.

Wir beschreiben zunächst die verschiednen Funktionen der Roheisenarbeiter, ihre Kraftausgaben, dann die Löhne, die Kosten der Lebenshaltung und die Hausökonomie, ferner die engere und weitere Bilanz. Am Ende streifen wir kurz die anormalen Zeiten, die sociale Pathologie.

1. Organisationen und Funktionen der Roheisenarbeiter im Überblick.

Unter den Organisationen, in denen die Roheisenarbeiter erhebliche Funktionen zu leisten haben, kommt hauptsächlich ihr Beruf, die Roheisenindustrie in betracht. Um über diese Organisation, welche die komplicierteste Kraftausgabe der Roheisenarbeiter erheischt, uns ein Urteil zu bilden, müssen wir uns auch die technische Seite der Roheisenproduktion in grofsen Zügen vorführen. Daran schliefsen sich die Familie, die Religion, der Staat, die Schule und die natürliche Umgebung. − Wegen Mangels an eingehenden Specialarbeiten über diese Punkte und weil mehrere von ihnen wenig oder nicht genau gemessen werden können, bietet die Beschreibung nicht viele quantitativ bestimmte Resultate. Die vorwiegend qualitative Darstellung gestattet uns indes ein Urteil im grofsen über die Kraftausgaben der Gruppe. Eine Tabelle über die Gröfse der Roheisenproduktion und die Zahl der Hochöfen entnehmen wir dem „Statistical abstrat of the United States". Diese Statistik ist nicht in der Einleitung erwähnt, weil sie keine unsrer Hauptquellen bildet; sie wird vom Schatzamt in Washington verfafst und als korrekt garantiert. Wir betrachten die Organisationen und Funktionen in der angegebenen Reihenfolge.

— 27 —

Die Roheisenproduktion vollzieht sich in Fabriken, der kleingewerbliche Betrieb ist völlig ausgeschlossen. Zur Gewinnung des Eisens aus den Eisenerzen sind grofse technische Vorrichtungen und viele Arbeitskräfte notwendig; Beides erfordert viel Kapital. Die Beschickung der Hochöfen mufs ununterbrochen erfolgen; die Beschaffung der dazu nötigen grofsen Massen von Erzen und Koks verlangt ebenfalls viel Kapital. Die Ausgaben für Anlagen zur Zuführung von Erzen und Koks, ferner für Maschinen und Winderhitzungsapparate stellen sich bei einer gröfsern Zahl Hochöfen geringer, als bei einem. Verlangt auch der Betrieb von den Arbeitern keine lange technische Vorbildung, so mufs doch der technische Leiter aufserdem chemische und physikalische Kenntnisse besitzen, welche ein Handwerker nicht zu erwerben vermag.

Roheisen wird in vielen Staaten der Union produciert. Nur wenige besitzen indes eine gröfsere Zahl Hochöfen und liefern erhebliche Quantitäten; die meisten Eisenwerke versorgen allein ihre nächste Umgebung. Diese ungleiche Verteilung der Anlagen läfst sich besonders darauf zurückführen, dafs Eisenerze und Kohle, die beiden Hauptstoffe für die Produktion, sowie Kalkstein, welcher oft als Zuschlag notwendig ist, selten in genügender Masse zusammen gewonnen werden. Ein Staat, in welchem jene Materialien sämtlich vorhanden sind, hat einen bedeutenden Vorsprung gegenüber Staaten, welche die hohen Transportkosten dafür bezahlen müssen. Ferner erklärt sie sich aus der Verschiedenheit des Verbrauchs in den einzelnen Staaten; die östlichen — besonders Pennsylvanien — konsumieren viel mehr Eisen als die centralen, südlichen oder westlichen. Die folgende Tabelle zeigt uns für die ganze Union die Zahl der Hochöfen und producierten Tonnen Roheisen aus den Jahren 1880 und 1892; ferner die Tonnenzahl aus den Jahren 1888 und 1889, die Zahl der Hochöfen ist für diese Zeit nicht angegeben. Die Tonne (ton) hält 2240 amerikanische Pfund, dieses Pfund ist gleich 0,4536 kg.[1]

Staaten und Territorien.	Zahl der Hochöfen 31. Dez. 1880	Tonnen 1880	Tonnen 1888	Tonnen 1889	Tonnen 1892	Zahl der Hochöfen 31. Dez. 1892
Neuengland und Centralstaaten.						
Connecticut	10	20 163	19 325	21 557	17 107	9
Maine	1	3 195	4 977	4 648	—	—
Maryland . . .	23	54 855	15 720	30 221	99 131	13
Massachusetts . .	5	16 979	11 829	6 921	7 946	4
New-Jersey . . .	20	151 829	90 966	112 226	87 975	15
New-York	57	353 001	229 625	265 399	310 395	38
Pennsylvania . . .	274	1 859 928	3 204 630	3 733 252	4 193 805	213
Vermont	1	1 607	—	—	—	—
West-Virginia . .	11	62 802	85 053	105 268	154 793	4
Summe:	402	2 524 359	3 662 125	4 279 487	4 871 152	296
Westliche Staaten und Territorien.						
Colorado	1	—	18 640	2 391	32 441	3
Illinois	13	134 425	517 238	536 638	949 450	20
Indiana	4	11 161	13 625	8 777	7 700	2
Michigan	27	137 879	190 403	191 395	184 421	22
Minnesota	1	3 143	—	—	14 071	1
Missouri	16	94 246	81 949	76 955	57 020	8
Ohio	103	601 971	985 552	1 085 332	1 221 913	70
Wisconsin	14	86 466	103 604	141 638	174 961	9
Summe:	179	1 069 291	1 911 011	2 043 126	2 641 977	135
Pacifische Staaten und Territorien.						
California	—	—	—	—	—	—
Oregon	1	4 464	2 240	8 416	7 628	1
Utah	2	—	—	—	—	—
Washington . . .	—	—	3 655	9 260	—	1
Summe:	3	4 464	5 895	17 676	7 628	2

[1] Statistical abstract. Fifteenth number, S. 210. 211.

Staaten und Territorien.	Zahl der Hochöfen 31.Dez.1880	Tonnen 1880	Tonnen 1888	Tonnen 1889	Tonnen 1892	Zahl der Hochöfen 31.Dez.1892
Südliche Staaten.						
Alabama	15	68 920	401 332	706 629	915 296	52
Georgia	10	24 394	35 176	24 606	9 950	6
Kentucky	22	51 525	50 705	37 963	56 548	9
North-Carolina	7	—	2 148	2 588	2 908	2
Tennessee	25	63 279	239 224	263 085	300 081	20
Texas	1	2 232	5 881	4 057	8 613	4
Virginia	37	26 727	176 246	224 425	342 847	38
Summe:	117	237 077	910 707	1 263 353	1 636 243	129
Gesamtsumme:	701	3 835 191	6 489 738	7 603 642	9 157 000	562[1]

Nach der Tabelle besafs Pennsylvanien in allen genannten Jahren bei weitem die gröfste Roheisenindustrie; von wesentlicher Bedeutung waren daneben noch Ohio, Alabama, Illinois, Virginia mit West-Virginia, New-York, Tennessee. Die Statistik ist hiernach berechtigt gewesen, jene Staaten vor allem ins Auge zu fassen, und wir dürfen Schlüsse von der materiellen Lage der Roheisenarbeiter dieser Staaten auf die der ganzen Union ziehn.

Über die Zahl der Roheisenwerke und der Angestellten in jenen Jahren steht uns keine statistische Tabelle zu Gebot. Um ein ungefähres Bild uns darüber zu bilden, benutzen wir eine Zusammenstellung des Census von 1890. Eisen- und Stahlwerke treten hier ungesondert auf; einbegriffen ist nur die gröbere Eisen- und Stahlarbeit, die Fabriken für weitere Verarbeitung des Eisens und Stahls zu Nägeln, Röhren, Drähten, Maschinen, Ornamenten etc. sind ausgeschlossen. Auch 1890 treten die letztgenannten Staaten

---

[1] Die Addierung der Zahlen für die Hochöfen ergiebt nicht 562, sondern 564.

gegenüber den andern hervor, wir bringen der Kürze halber nur Thatsachen über jene; bemerkenswert ist, dafs Pennsylvanien und Ohio die alte Stelle behalten haben, und Illinois bei weitem Alabama überflügelt hat. Neben der Zahl der Fabriken und Angestellten beschreiben wir die Summen des investierten Kapitals und den ungefähren Wert der Produkte in 1890[1].

Staaten.	Die Werke, welche Angaben machen	An-gestellte	Kapital	Ungefährer Wert der Produkte
Pennsylvanien....	280	86 437	211 483 285	248 809 071
Ohio	93	21 373	31 865 847	57 134 110
Illinois	20	7 734	32 471 977	37 173 405
New-York..	43	6 990	15 847 835	15 699 537
Alabama	35	5 878	17 879 583	12 544 227
Virginia und West-virginia	24	3 548	7 877 685	11 595 784
Tennessee......	15	1 557	4 613 355	4 247 868

Die Anlage eines Roheisenwerks besteht im wesentlichen aus den Hochöfen, den Winderhitzungsapparaten und den dazu nötigen Maschinen, ferner aus Vorrichtungen für Anfuhr der Erze, des Koks, Kalksteins u. s. w. und Abfuhr der Schlacken des Roheisens. - Die Hochöfen, in denen der Schmelzprocefs sich vollzieht, sind meist 15 bis 30 Meter hoch und haben im Innern die Gestalt zweier an den Grundflächen zusammengefügten Kegel, deren Spitzen abgestumpft sind. Sie bestehn aus feuerfestem Gestein, welches nach aufsen von einem weitern Steinmantel oder von Eisenplatten umgeben ist; in der Union ist meistens das Letztere der Fall. In der obern Öffnung des Ofens,

---

[1] Census Bulletin, Nr. 380. April 6, 1894. S. 23.

der Gicht, befindet sich der Trichter, durch welchen Erze, Koks und Zuschläge in den Ofen gelangen; er ist zum Verschluſs mit einer eisernen Glocke versehn, durch welche die heiſsen Gase in den Winderhitzungsapparat entweichen. Um den Trichter herum läuft die Gichtbrücke; auf dieser werden die Wagen mit Erz und Koks aufgestellt, um in den Trichter entleert zu werden. Bis zum Gestell, dem untersten Teil des Ofens, sind keine Öffnungen vorhanden; der Hohlraum bis dorthin, welcher sich gegen die Mitte bauchförmig erweitert, dient zur Aufnahme der Erz- und Koksschichten. Im Gestell, dem engsten Teil des Ofens, befinden sich oben Öffnungen mit kegelförmigen Röhren, durch welche die zur Verbrennung nötige Luft eingeführt wird; darunter sind Öffnungen für das Ablassen der Schlacke und des Eisens. Um das Gestell und zu den Endteilen oder Mundstücken der lufteinführenden Röhren ziehn sich Wasserröhren, die das zur Kühlung nötige Wasser heranleiten. Oft liegen mehrere Hochöfen in einer Reihe; sie haben dann gemeinsame Aufzüge oder Aufgänge für Erz und Koks und gemeinsame Vorrichtungen für Ableitung der Gase und Zuleitung erhitzter Luft. — Die Winderhitzungsapparate dienen zur Ableitung der erhitzten Gase und zur Zuführung, sowie Erhitzung der Luft. Sie sind von cylinderförmigem Bau, haben eine ähnliche Höhe, wie die Hochöfen, und werden aus feuerfestem Stein oder Eisen hergestellt. Ihr Innenraum ist im wesentlichen mit einem Röhrensystem gefüllt, welches den durchlaufenden Gasen oder der Luft eine möglichst groſse Bestreichungsfläche darbietet. Sie werden gewöhnlich durch weitere Röhren mit den Hochöfen einerseits und den Maschinen, sowie deren Heizräumen anderseits verbunden. Die erhitzten Gase des Ofens gelangen durch den Apparat und die Verbindungsröhren zum Heizraum der Dampfkessel, die Maschine prefst umgekehrt Luft durch die Apparate unten zu den Hochöfen. — Nicht fern von den Hochöfen, zuweilen durch schmalspurige Bahnen mit ihnen verbunden, liegen die Plätze für die Anfuhr und Ablagerung der Erze und des Koks, sowie für die Möllerung oder Vermischung der Erze und Zuschläge. Sie sind von Dächern überdeckt oder liegen unter freiem Himmel. Weiter finden wir Plätze für die Ablagerung der Schlacken; je nach ihrem chemischen Gehalt bleiben sie hier dauernd als Abfall liegen oder werden Fabriken zugeführt, die Steine daraus formen oder sie anderweitig verwenden. Besondre Lager- und Abfuhrplätze für das Roheisen sind vorhanden, je nachdem Stahlwerke oder andre Werke, die das Roheisen direkt verwerten, mit den Hochöfen verbunden sind oder nicht. Wird es sofort weiter verarbeitet, so führt man das glühende Eisen oft mittelst schmalspuriger Bahnen direkt zu den andern Werken. — Die Triebkraft für die Elevatoren zum Heben der Erze auf die Öfen, für die Bewegung der erhitzten Luft, das Heranpumpen des Wassers u. s. w. liefert eine Dampfkesselanlage, die gewöhnlich nicht fern von den Hochöfen liegt.

Der Gang der Produktion ist ein verhältnismäfsig einfacher. Die Aufgabe ist, aus eisenhaltigen Erzen das Eisen auszuscheiden und es mit einem gröfsern oder geringeren Procentsatz Kohlenstoff zu verbinden. Tritt der Kohlenstoff nur chemisch gebunden auf, so ist das Produkt weifses Roheisen, welches sich besonders zur Herstellung von Schmiedeeisen und Stahl eignet; enthält das Eisen auch physikalisch gebundenen Kohlenstoff oder Graphit, so ist das Produkt graues Roheisen, welches besonders zu Gufswaren gebraucht wird. Schon auf dem Bergwerk oder erst auf dem Eisenwerk werden an Eisen ärmere und reichere Erze zunächst vermischt, um eine möglichst gleichmäfsige und reiche Ausbeute zu erzielen. Diese Mischung wird mit Zuschlägen wie Kalkstein versehn, falls dies für den Schmelzprocefs oder die Absonderung der Schlacke vom Eisen notwendig ist, und mit dem Koks in Wagen von bestimmtem Gehalt dem Hochofen zugeführt. Hier hebt man sie durch Elevatoren auf die Gichtbrücke und stürzt in bestimmten Zwischenräumen, deren Länge nach dem schnellen oder langsamen Gang des Ofens sich richtet, abwechselnd Erze und Koks durch den Trichter in den Ofen. Der Ofen brennt ununterbrochen, wenn er nicht platzt oder sonstige Mängel zeigt; das neue Anheizen verursacht viel Mühe und Mehrkosten. Die Erz- und Koksschichten rücken allmählich den Ofen hinab, nähern sich der Verbrennungszone und verbrennen in der vom Gebläse hereingepreſsten Luft. Die glühende Mischung tropft nach unten in das Gestell und sondert sich dort in Eisen und Schlacke; das Eisen bildet die untere Schicht, die Schlacke schwimmt oben auf. Wichtig beim Schmelzprocefs ist, daſs der Ofen einen gleichmäfsigen Gang hat, nicht zu kalt oder heiſs wird; der Gang wird besonders durch stärkeres resp. schwächeres Einpressen erhitzter Luft reguliert. Erreicht die flüssige Masse eine bestimmte Höhe, nähert sie sich den Öffnungen für den Eintritt der erhitzten Luft, so wird durch Einstofsen des Thonverschlusses der Abstichöffnung entweder Eisen oder Schlacke abgelassen. Die Schlacke läfst man je nach ihrem chemischen Gehalt in Schlackenwagen oder in Wasserbecken laufen. Die Schlackenwagen führen dieselbe zur Abfallstätte, wo sie aufgehäuft wird; aus den Wasserbecken, in die sie zum schnellen Zerkleinern geleitet ist, wird sie nach Lagerstätten oder direkt nach andern Fabriken gebracht. Das Eisen wird in Sandformen gegossen oder glühend in eisernen, ausgemauerten Gefäfsen nach andern Eisenwerken zur weitern Bearbeitung gefahren.

Die Arbeit, welche dieser Produktionsprozefs verlangt, wird in den verschiednen Eisenwerken nicht immer von gleichen Arbeitergruppen geleistet. Die örtlichen Bedingungen, ob z. B. die Erzlagerstätte fern vom Hochofen ist oder nicht, die lokalen Gewohnheiten und die Zahl der Hochöfen spielen hierbei eine grofse Rolle. Im allgemeinen lassen sich folgende gröfsere Gruppen teilen. Einmal sondern sich die Arbeiter, welche direkt oder indirekt am Hochofen beschäftigt sind, von Hülfsgruppen, wie Schlosser, Schmiede, Zimmerleute, Maurer, welche die Herstellung und nötige Reparatur der Gebäude, Maschinen und Werkzeuge vorzunehmen haben. In der ersten Abteilung sind Untergruppen erstens die Erz- und Koksläder, welche das Verladen, Heranführen und Hineinwerfen der Erzmischung und des Koks in den Ofen besorgen; ferner die Schmelzer und Ofenwärter, welche den Schmelzprocefs überwachen, das Abstechen besorgen, auch eine gewisse Aufsicht über den Gang des Ofens an Stelle des Betriebsleiters führen; die Gebläseleute, welche die Winderhitzungsapparate regulieren; die Maschinisten, Heizer etc., welche die Maschinen für die Elevatoren, die Windregulierung etc. und die Lokomotiven leiten resp. bedienen; ferner die Eisenlader und Eisenfahrer, welche das fertige Eisen brechen, verladen, fortführen; die Schlackenlader und Schlackenfahrer, welche das Aufladen und Abführen der Schlacken und Asche besorgen; endlich die Wachtleute und Notierer, welche auf Ordnung sehn oder die Arbeitsleistung einzelner Gruppen, wie die Wagenzahl der Erzfahrer, aufschreiben. Neben all diesen Gruppen stehn einfache Tagelöhner, welche geringere Nebenarbeiten ausführen; bei Befähigung rücken sie allmählich in die eine oder andre der obigen Abteilungen ein, in ihren Reihen befinden sich auch ältere, zu schwerer Arbeit untaugliche Leute.

Eine handwerksmäfsige, langjährige Ausbildung wird von keiner dieser Gruppen verlangt, selbst nicht von den Schlossern, Schmieden u. s. w. Auch die, welche am meisten verstehn müssen, lernen das Nötige während der Arbeit ohne besondre Anleitung. Drei Grade lassen sich indes ziemlich genau unterscheiden. Von den Tagelöhnern und Erzladern z. B. fordert man gar keine Vorbildung, von den Gebläseleuten eine geringe, von den Schmelzern, Ofenwärtern, Schlossern, Schmieden, Zimmerleuten u. s. w. eine höhere. Die Funktionen der letzten Gruppe bedingen eine Geschicklichkeit oder einen Überblick, die nur durch längeres Arbeiten unter Leitung älterer Leute oder Vorarbeiter gewonnen werden können. Nach dem Grade der Ausbildung scheiden sich innerhalb der einzelnen Gruppen Vorarbeiter, Vollarbeiter und Gehülfen. Zum Beispiel giebt es unter den Schmieden Gehülfen, eigentliche Schmiede und Vorarbeiter; auch unter den Tagelöhnern sind noch Vorarbeiter und Arbeiter zu scheiden. Diese drei Unterteile einer Gruppe werden wir stets zusammen behandeln; wir bilden eine besondre Abteilung nur für die Vorarbeiter und Gehülfen, welche sich wegen mangelhafter statistischer Belehrung als Vorarbeiter oder Gehülfen ohne weitere Angabe bezeichnet haben. Der niedere Charakter der Arbeit aller Roheisenarbeiter geht auch daraus hervor, dafs sie fast nur in Zeitlohn und nicht in Stücklohn stehn. Zum Teil ist dies freilich durch die Unmöglichkeit bedingt, scharf die Arbeitsleistung des einzelnen abzugrenzen. — Die Gefährlichkeit der Arbeit ist bei sämtlichen Hochofenarbeitern keine geringe. Fast alle Arbeiter aufser den Dampfkesselwärtern schaffen im Freien und sind im Winter und Sommer allen Temperaturveränderungen bei Tag und Nacht ausgesetzt. Die Gichter auf den Öfen haben aufserdem durch die heifsen Gase beim Öffnen der Trichter zu leiden, die Schmelzer durch die Hitze des Ofens und das Herumspritzen glühenden Eisens. – Die Arbeit ist im allgemeinen eine ziemlich schwere. Eisenerze von schwerem Gewicht und grofse Eisenstücke sind aufzuladen, abzuladen, zu zerbrechen u. s. w. Die Dauer der Arbeitsschicht beträgt durchschnittlich 12 Stunden bei den meisten Hochofenarbeitern; etwas kürzere Zeit arbeiten im ganzen nur die Hülfsgruppen, wie die Schmiede, Zimmerleute, Maschinenbauer (Schlosser). Dies ist bedingt durch den fortwährenden Gang des Ofens; zur Herabsetzung der Arbeitszeit wären sofort drei Belegschaften notwendig, diese hätten nur acht Stunden Arbeit zu leisten. Die folgende Tabelle giebt die durchschnittliche Arbeitszeit einiger Fabriken des Nordens und Südens [1]. (Siehe Tabelle S. 37.)

Die Arbeitsleistung, welche die Schwere der Arbeit wesentlich mitbedingt, ist in den Vereinigten Staaten durchschnittlich gröfser, als in Europa. Fast alle Sachverständigen sprechen sich dahin aus; dies lehrt auch die einfache Beobachtung der Arbeit der Maurer, Zimmerleute u. s. w. auf offner Strafse; ferner ist der höhere Lohn in der Union jedenfalls zum Teil darauf zurückzuführen. Auch das Arbeitsquantum der Hochofenarbeiter scheint im allgemeinen das europäischer, sogar englischer Arbeiter zu übertreffen. Die folgende Tabelle hat Wright auf Grund von Angaben verschiedner Eisenwerke zusammengestellt; sie zeigt die

---

[1] Sixth annual report of the Commissioner of Labor. 1890. Revised edition. Washington 1891. Seite 591 ff.

Beruf	Fabriken im Norden oder Süden	Stundenzahl			
Erzlader am Fusse des Ofens, auf dem Ofen (Filler bottom, top pp.)	N.	12	12	12	12
	S.	12	12	12	12
Schmelzer und Gehülfen	N.	12	12	—	—
(Moulders and helpers) .	S.	12	12	—	—
Ofenwärter und Gehülfen	N.	12	12	12	12
(Keepers and helpers) . .	S.	12	12	12	—
Maschinisten (Engineers: furnace, locomotive pp.) . .	N.	12	12	12	12
	S.	10	12	12	—
Schmiede und Gehülfen	N.	10	10	—	—
(Blacksmiths and helpers) .	S.	10	10	12	—
Zimmerleute (Carpenters) .	N.	10	10	10	10
	S.	10	10	—	—
Maschinenbauer und Gehülfen (Machinists and helpers)	N.	10	10	—	—
	S.	10	10	—	—
Andre Arbeit (Other labor) .	N.	10 u. 12	8½, 10 u. 12	10 u. 12	10 u. 12
	S.	10 u. 12	10 u. 12	10 u. 12	12

durchschnittliche Arbeitsleistung eines Mannes per Stunde bei der Produktion einer Tonne Roheisen und daneben die betreffende Löhnung dafür[1]. (Siehe Tabelle Seite 38.) Da nur wenige europäische Fabriken hier vertreten sind, und die Rechnung einen sehr komplizierten Charakter hat, ist der Vergleich nicht zuverlässig; im ganzen dürfte er der Sachlage entsprechen. Für die hohe Intensität der Arbeit spricht auch folgender Vergleich. Am 31. December 1881 waren in Pennsylvanien z. B. 278 Hochöfen vorhanden, und 1881 wurden dort 1 956 059 Tonnen producirt; am 31. December 1893 waren 199 Hochöfen vorhanden,

---

[1] Sixth annual report. S. 589.

— 38 —

Durchschnittliche Tonnenproduktion per Mann, per Stunde	Norddistrikt der Union		Süddistrikt der Union		Europäischer Continent		England	
	Fabriken	Durchschnittlicher Lohn per Mann, per Stunde in Dollars	Fabriken	Durchschnittlicher Lohn per Mann, per Stunde in Dollars	Fabriken	Durchschnittlicher Lohn per Mann, per Stunde in Dollars	Fabriken	Durchschnittlicher Lohn per Mann, per Stunde in Dollars
Unter 0.05	—	—	1	0.115	—	—	—	—
0.05 und unter 0.06 .	1	0.111	1	0.105	—	—	—	—
0.06 und unter 0.07 .	6	0.123	2	0.129	1	0.051	—	—
0.07 und unter 0.08 .	5	0.128	10	0.118	2	0.051	—	—
0.08 und unter 0.09 .	8	0.141	3	0.116	1	0.059	1	0.058
0.09 und unter 0.10 .	9	0.142	2	0.114	—	—	—	—
0.10 und unter 0.11 .	9	0.145	—	—	1	0.045	—	—
0.11 und unter 0.12 .	8	0.151	—	—	—	—	—	—
0.12 und unter 0.13 .	4	0.166	1	0.121	—	—	1	0.090
0.13 und unter 0.14 .	3	0.155	—	—	—	—	1	0.100
0.14 und unter 0.15 .	—	—	—	—	—	—	—	—
0.15 und unter 0.16 .	1	0.148	1	0.121	—	—	—	—
0.16 und unter 0.17 .	1	0.187	—	—	—	—	—	—
Summe .	55		21		5		3	

und 1893 wurden 3 643 022 Tonnen produciert[1]. Die Tonnenzahl hat sich fast verdoppelt und die Zahl der Hochöfen fast um ein Drittel vermindert. — Die Zuverlässigkeit der Arbeiter direkt am Hochofen mufs eine relativ grofse sein. Die Gichter, Gebläseleute, Schmelzer, Ofenwärter, Maschinisten haben genau zusammenzuwirken, um alle gefährlichen Störungen zu vermeiden. Ebenfalls von Schlossern und Schmieden ist sorgfältige Arbeit zu verlangen, von den Notierern genaue Zählung der Wagen etc. Die übrigen Erzlader, die Eisenlader und Tagelöhner brauchen keine besondre Sorgfalt anzuwenden.

Die folgende Tabelle bringt die obigen wichtigen charakteristischen Eigenschaften der Arbeit der verschiednen Gruppen Roheisenarbeiter in Zahlen und erläutert die amerikanischen Bezeichnungen der Gruppen, besonders für Pennsylvanien. Nach den frühern Andeutungen braucht kaum betont zu werden, dafs die Tabelle ein Versuch ist und nur ganz allgemein die angeregten Fragen beantwortet. Wir unterscheiden stets drei Grade und bezeichnen mit 1 die niederste Stufe. (Siehe Tabelle S. 40.)

Im engen Zusammenhang mit dem Beruf stehn die Arbeiterorganisationen; wir schliefsen die Leistungen an sie hier unmittelbar an. Die Roheisenarbeiter gehören zu der »Amalgamated association of iron and steel workers of the United States«, welche nach Wright 1892 aus 292 Untervereinen bestand und ungefähr 24 000 beitragspflichtige Mitglieder zählte[2]. Diese grofse Union umfafst beinah alle Zweige der Eisen- und Stahlindustrie und hat sich seit ihrer Gründung im Jahr 1876 die Aufgabe gestellt, ihre

---

[1] Statistical abstract. Sixteenth number. S. 219.
[2] Amalgamated association of iron and steel workers. Boston 1893. S. 1 ff.

Beruf	Ausbildung	Gefahr	Schwere	Zuverlässigkeit
I. Tagelöhner.				
Tagelöhner (Laborer)	1	2	1	1
Fuhrmann (Teamster)	2	2	1	1
II. Hochofenarbeiter.				
Erzaufschichter (Ore piler)	1	2	3	1
Lader unten am Ofen (Filler, bottom)	1	2	3	1
Gichter, Lader auf dem Ofen (Filler, top)	1	3	3	2
Schmelzer, Giefser (Melter, moulder, founder)	3	3	2	2
Ofenwärter, in Deutschland Oberschmelzer (Keeper, stovetender)	3	2	2	3
Wärter der Winderhitzer (Hotblastman)	2	2	1	2
Maschinist (Engineer)	3	2	1	3
Heizer (Fireman)	1	2	1	1
Kesselwärter (Boilertender, watertender)	2	1	1	3
Fahrer, Lader, Aufschichter der Schlacke und sonstige Schlackenarbeiter (Cindersnapper, cinderman, cindertapper, scrapper, dumper)	1	2	3	1
Eisenlader, Eisenbrecher (Iron man, iron breaker, iron handler, shipper)	1	2	3	1
Eisenfahrer (Iron carrier, iron budger)	1	2	3	1
Notierer, Aufseher (Timekeeper, yardmaster, watschman)	1	2	1	3
III. Hülfsgruppen.				
Kesselreparateur, Schlosser (Machinist, mechanic)	3	1	2	3
Maurer (Bottom builder)	3	1	1	3
Schmied (Blacksmith)	3	1	3	3
Zimmermann (Carpenter)	3	1	1	3

Mitglieder zu heben und besonders ihnen durch gütliche
Vermittlung oder sonst in gesetzlicher Weise einen angemessnen
Lohn für ihre Arbeit zu sichern. Sie ist weiteren
Kreisen 1892 durch den grofsen Strike zu Homestead,
Pennsylvanien bekannt geworden, welchen sie mit der
Carnegie Steel Cie in Pittsburg ausgefochten hat. Zur
Deckung der Ausgaben des Gesamtverbandes, dessen Zahlungen
an ausständige Mitglieder von 1876 bis zum November
1892 über Dollar 600 000 betrugen, darf der Präsident den
Zweigvereinen eine Steuer auferlegen. Ferner mufs jedes
Mitglied an seinen Verein zur Ansammlung eines Strikefonds
monatlich Dollar 0,25 zahlen. Kranke oder Arbeitslose
sind hiervon auf einen Monat entbunden. Unter den Roheisenarbeitern
gehörten 1888/89 nur wenige Gewerkvereinen
an, wie die folgende Tabelle lehrt.

Staat	Gesamtzahl der befragten Arbeiter	An Gewerkvereine zahlen	%
Pennsylvania	313	44	14,1
Ohio	98	17	17,3
Alabama	143	10	7,0
Tennessee	51	0	0,0
New-York	56	0	0,0
Illinois	40	7	17,5
Virginia	27	0	0,0
West-Virginia	9	1	11,1
Georgia	25	2	8,0
Summe	762	81	10,6

Zu beachten ist hierbei, dafs Tagelöhner (laborer) nach
dem Belieben des Unterverbandes aufgenommen oder ausgeschlossen
werden können, und dafs eine bedeutende Zahl
Tagelöhner in dem Urmaterial auftritt. Die Gröfse jener

Beiträge und der später behandelten Abgaben an Staat, Kirche u. s. w. beschreiben wir erst unter den Kosten der Lebenshaltung, wo sie vom Urmaterial aufgeführt sind. Für die obige und die folgenden Untersuchungen findet sich das Urmaterial in »Sixth annual report of the Commissioner of Labor 1890. Revised edition. Washington 1891«, S. 693 flg., soweit nichts Besondres erwähnt wird.

Thatsachen über die Familien der Roheisenarbeiter stehn uns nur wenig zu Gebot. Nach einer graphischen Darstellung der Gröfse der Familien in den Vereinigten Staaten, welche das Censusamt auf der Ausstellung in Chicago bot, haben besonders südliche und westliche Staaten, wie Texas, Virginia, Westvirginia, Mississippi, Utah, Familien mit mehr als 5 Personen im Durchschnitt. Die durchschnittliche Kopfzahl der Familien in den östlichen und centralen Staaten beträgt meistens weniger als 5; hierher gehören Pennsylvanien, Illinois, Delaware, New Jersey, Ohio, Massachusetts, Rhode Island, New York, Connecticut, Maine, Vermont, New Hampshire. Unser Urmaterial enthält 762 Familien (Eltern und Kinder) mit 3499 Köpfen, also Familien, die durchschnittlich $4^{461}/_{762}$ Köpfe zählen. Unter den für uns wichtigen Staaten sind die Familien Pennsylvaniens $4^{256}/_{313}$ Köpfe grofs, die Ohios $5^{4}/_{98}$, die Illinois' $4^{1}/_{20}$, die Alabamas $3^{134}/_{143}$, die Virginiens und Westvirginiens $5^{1}/_{18}$. Die Differenzen zwischen den Angaben des Censusamts und unsrer Statistik bedürfen keiner besondern Erklärung; die Berechnungen stützen sich auf ganz verschiednes Material. Pennsylvanien, das hier besonders in Betracht kommt, hat beidemal Familien mit weniger als 5 Köpfen. – In der Familie verdient meistens der Mann allein das Einkommen; in einigen erwerben die Kinder mit, in sehr wenigen die Frauen. In 313 Familien

Pennsylvaniens erwerben nur 1 Frau und 43 Kinder mit, in 98 Familien Ohios nur 18 Kinder, in 143 Familien Alabamas 5 Frauen und 12 Kinder, in 51 Familien Tennessees 1 Frau und 6 Kinder, in 56 Familien New-Yorks nur 6 Kinder[1].

Wegen Trennung des Staats von der Kirche müssen die grofsen Religionsgesellschaften und die Sekten aus eignen Mitteln die Ausgaben für Kirchenbau, Gehalt der Geistlichen u. s. w. aufbringen. Die Beiträge, welche der Angehörige einer religiösen Gemeinschaft zahlt, sind oft ziemlich hohe. Sogar die Beiträge der Arbeiter sind nicht gering; sie übersteigen nach unsrer Statistik nicht selten Dollar 5, manche zahlen sogar mehr als Dollar 20. Die Tabelle giebt die Zahl der Roheisenarbeiter, welche nach dem Urmaterial Ausgaben für religiöse Zwecke machen.

Staat	Gesamtzahl der befragten Arbeiter	Für religiöse Zwecke zahlen	%
Pennsylvania	313	243	77,6
Ohio	98	65	66,3
Alabama	143	110	76,9
Tennessee	51	40	78,4
New-York	56	40	71,4
Illinois	40	28	70,0
Virginia	27	21	77,8
West-Virginia	9	4	44,4
Georgia	25	20	80,0
Summe	762	571	74,9

An die religiösen Gemeinschaften wollen wir die Wohlthätigkeitsgesellschaften anschliefsen, wenn sie auch vielfach

---

[1] Sixth annual report S. 1168 ff.

keinen religiösen Charakter tragen. Auch hier sind die Beiträge auffallend hohe; die der Roheisenarbeiter betragen öfters mehr als Dollar 3, in einigen Fällen mehr als Dollar 10. Unsre Tabelle zeigt, dafs ein hoher Procentsatz von Roheisenarbeitern Mitglied wohlthätiger Vereine ist oder wenigstens Geld für wohlthätige Zwecke ausgiebt.

Staat	Gesamtzahl der befragten Arbeiter	Für wohlthätige Zwecke zahlen	%
Pennsylvania	313	269	85,9
Ohio	98	50	51,0
Alabama	143	116	81,1
Tennessee	51	43	84,3
New-York	56	9	16,1
Illinois	40	26	65,0
Virginia	27	17	63,0
West-Virginia	9	5	55,6
Georgia	25	22	88,0
Summe	762	557	73,1

Die Leistungen an den Staat bestehn in Steuern, nicht auch in Militärdienst. Der Betrag der indirekten Steuern, welche besonders auf Tabak und Spirituosen liegen, läfst sich für eine einzelne Gruppe, wie die Roheisenarbeiter, schwer bestimmen; da manche von ihnen, wie wir sehn werden, Beides in grofsem Mafse konsumieren, ist ihre indirekte Abgabe keine geringe. Die folgende Tabelle giebt auf Grund des Urmaterials die Zahl der Arbeiter, welche direkte Steuern zahlen. (Siehe Tabelle S. 45.)

Unter die Leistungen an den Staat stellen wir die Ausgaben, welche die relativ selbständige autoritative Stellung der Arbeiter in der Union mit sich bringt. Sie gehören zu den Imponderabilien; zahlenmäfsig läfst sich von den

Staat	Gesamtzahl der befragten Arbeiter	Direkte Steuern zahlen	%
Pennsylvania	313	261	83,4
Ohio	98	64	65,3
Alabama	143	126	88,1
Tennessee	51	42	82,4
New-York	56	33	58,9
Illinois	40	12	30,0
Virginia	27	20	74,1
West-Virginia	9	9	100,0
Georgia	25	25	100,0
Summe	762	592	77,7

einzelnen Ausgaben für Nahrung, Kleidung, Wohnung u. s. w. nicht abtrennen, welche Mehrausgaben die hohe autoritative Lage der Arbeiter mit sich bringt. Dafs diese Mehrausgaben in der Union im Vergleich zu solchen in Deutschland ziemlich bedeutend sind, steht aufser Zweifel. So geringe Qualitäten in Nahrung, Kleidung, Wohnung u. s. w., wie die niedern Gruppen deutscher Arbeiter gebrauchen, sind in der Union nur selten zu finden. Bazare mit Artikeln für 10 Pfennig sind dort unbekannt, Bazare mit Artikeln für 20 Pfennig (5 cts.) nur wenig vorhanden.

Besondre Ausgaben für Schulerziehung der Kinder geben die Roheisenarbeiter nicht an. Nur in religiösen Schulen ist zuweilen Schulgeld zu zahlen; alle öffentlichen Schulen sind frei, sogar die höhern Schulen (high schools), welche die Schüler bis zum 18. Jahr unterrichten und ungefähr die Bildung verleihn, wie die Untersecunda einer Realschule in Deutschland. Manche Städte, wie Boston, liefern auch alle Schulbücher u. s. w. den Schülern ohne Bezahlung. Die Leistungen an die Wissenschaft sind im wesentlichen somit in den Abgaben an den Staat enthalten und verteilen sich auf alle Bürger. — Die Ausgaben für Bücher und Zeitungen gehören nicht allein unter diese Rubrik; die Bücher sollen vielfach Novellenbücher sein, die Zeitungen sind meistens politische. Wir besprechen sie hier, weil der Aufwand zum gröfsten Teil der Belehrung dient. Im Vergleich mit deutschen Arbeiterbudgets enthalten die der Roheisenarbeiter grofse Ausgaben für Belehrung, nicht selten Dollar 5 und mehr. Dies beweist, wie vieles Intresse der amerikanische Arbeiter dem Leben des gesamten Volks widmet. Die Tabelle giebt die Zahl der Arbeiter, welche Ausgaben für Bücher und Zeitungen aufführen.

Staat	Gesamtzahl der befragten Arbeiter	Für Bücher und Zeitungen zahlen	%
Pennsylvania	313	274	87,5
Ohio	98	91	92,9
Alabama	143	86	60,1
Tennessee	51	39	76,5
New-York	56	40	71,4
Illinois	40	33	82,5
Virginia	27	18	66,7
West-Virginia	9	9	100,0
Georgia	25	14	56,0
Summe	762	604	79,3

Die allgemeine natürliche Umgebung dürfen wir als bekannt voraussetzen. Die Kraftausgaben, welche das Klima bedingt, sind nicht wesentlich von denen in Europa verschieden. Sie stellen sich etwas höher als hier durch die starken Temperaturschwankungen; die Sommer sind heifser, die Winter kälter. Hauptsächlich wird dies auf den Mangel an Gebirgen in ost-westlicher Richtung zurückgeführt. Die heifsen Luftströmungen vom Golf von Mexiko und die kalten vom Eismeer und der Hudsonbai können ohne Hindernis fast über die ganze Union streichen; nur die Staaten im fernen Westen, besonders Californien, sind hiergegen geschützt und befinden sich in einem mehr gleichmäfsigen Klima. Infolge davon zeigen die Budgets der Roheisenarbeiter Pennsylvaniens, Ohios, Illinois, New Yorks einen starken Verbrauch von Kohlen. Wie weit diese Schwankungen den Verbrauch von Kleidern, Wohnung, Nahrung beeinflussen, vermögen wir nicht festzustellen.

Wir haben uns die einzelnen Richtungen der Kraftausgaben nur soweit vorgeführt, als es zur Abschätzung der weiteren Bilanz notwendig ist. Wir behalten uns vor, im erklärenden Teil auf die natürlichen, internationalen und nationalen Beziehungen der Roheisenarbeiter und andrer Gruppen Fabrikarbeiter der Union mehr einzugehn. Vielfach steht die Umgebung nur in indirekten Beziehungen zu einer Arbeitergruppe; die internationalen Bedingungen und speciellere natürliche, wie das Vorkommen von Eisenerz, Kohle etc. im Lande, beeinflussen z. B. direkt nur die gesamte Eisen- und Stahlindustrie. Auf sie werden wir erst eingehender kommen, wenn die Erklärung der materiellen Lage dieser Gruppe in Frage steht.

2. Löhne.

Die Einnahmen der Roheisenarbeiter bestehn im wesentlichen aus den Löhnen, welche die Familienväter erhalten. Eine erhebliche Rolle spielen daneben noch die Löhne der Kinder; nur sehr wenige Frauen arbeiten in der Fabrik und empfangen Löhne. An die Löhne oder Einnahmen im engern Sinn schliefsen sich solche, welche von Kostgängern und „andern Quellen" eingehn; beide sind zuweilen nicht gering.

Das Urmaterial giebt über den Lohnvertrag geringen Aufschlufs. Die Löhne sind fast durchweg Geldlöhne; fünf Arbeiter geben nur an, dafs sie vom Eisenwerk freie Wohnung erhalten. Die Roheisenarbeiter stehn gewöhnlich in Zeitlohn; die niedern Untergruppen werden nach Stunden oder Tagen bezahlt, Vorarbeiter, Obermaschinisten und andre höhere Abteilungen nach Monaten. Stücklohn kommt selten vor; Eisenfahrer werden z. B. öfters nach der Tonne bezahlt. Roheisenwerke, die mit Gewinnbeteiligung der Arbeiter betrieben werden, scheinen nicht zu existieren; Gilman erwähnt keine in der Arbeit, welche amerikanische Firmen dieser Art aufzählt[1]. Die Vereinbarungen über die

---

[1] Nicholas P. Gilman. Profit sharing between employer and employee. Boston and New-York 1889.

Lohnhöhe werden verschieden getroffen, je nachdem die Arbeiter Mitglieder von Unionen und die Fabrikanten zu Verhandlungen mit den Unionen geneigt sind oder nicht. In ersterm Fall trifft die Union mit den Fabrikanten Abkommen über die Höhe der Löhne der einzelnen Arbeitergruppen; diese Abkommen werden zu bestimmten Zeiten erneuert[1]. Im übrigen fixieren die Fabrikanten einseitig die Lohnhöhe. Der erstere Modus hat in den letzten Jahren abgenommen, weil die Unionen infolge verschiedner Ursachen, besonders durch übertriebne Forderungen an Einfluſs verloren haben; das Organ der Eisen- und Stahlindustriellen, der „American Manufacturer" in Pittsburg, Pennsylvanien zählte im November 1893 in Pittsburg 15 unionistische und 25 nichtunionistische Fabriken. Das Sinken des Einflusses der Unionen ist weder den Arbeitern noch den Unternehmern willkommen. Dasselbe Blatt schreibt, es sei für die Arbeiter ebenso natürlich und rechtlich begründet, sich zu organisieren, wie zu leben; ferner, die Unternehmer zögen in vielen Fällen vor, mit einer organisierten Arbeiterschaft zu verkehren; wenn die Strömung gegen den Unionismus sich gemildert, erhoffe man eine Neuorganisation der Vereine mit Beseitigung der alten Fehler.

Die Arbeiter nebst Frauen und Kindern geben den Gesamtbetrag ihres Lohns für ein Jahr an. Wir erfahren von ihnen nicht, welchen Tages- oder Wochenlohn sie durchschnittlich haben, und welchen Schwankungen dieser in den verschiednen Jahreszeiten ausgesetzt ist. Da infolge des Miſstrauens der Unternehmer die Fabrik und der Wohn-

---

[1] George E. Mc Neill. The labor movement. Boston and New-York 1887. S. 269 ff. 302 ff.

ort der Arbeiter nicht angegeben ist, können wir auch nicht verfolgen, welchen Einfluſs die Gröſse des Wohnorts auf die Bildung der Löhne ausübt. Von den Arbeitern hauptsächlich den Jahresverdienst zu erfragen, ist begründet. Die Schwankungen der Zeitlöhne oder die oft komplicierte Berechnung der Accordlöhne hätten den Arbeitern eine specialisierte Lohnangabe schwer gemacht; ausserdem hätte der Leser sich erst mühsam ein Gesamtbild daraus herstellen müssen. Nur hätten die Arbeiter nebenbei ungefähr ihren Tageslohn nennen sollen. So wäre einigermaſsen ein Urteil über ihre Rechnung ermöglicht, und ob sie das ganze Jahr zur Gewinnung der Jahreseinnahmen schaffen müssen oder ob sie beträchtliche freiwillige oder unfreiwillige Pausen machen; Letzteres scheint nach den Angaben der Unternehmer über die Arbeitszeit der einzelnen Arbeitergruppen in Teil II unsrer Statistik nicht selten zu sein[1]. Die Unternehmer haben freilich die durchschnittlichen Tageslöhne für verschiedne Arbeitergruppen angegeben. Wir können aber jene Gesamtsummen durch die Berechnung der Jahreslöhne aus den Tageslöhnen nicht kontrollieren; die Fabrikanten haben nur die Bemerkung erlaubt, daſs ihr Eisenwerk in den Nordstaaten oder in den Südstaaten liegt, und somit Vergleiche der beiden Lohnangaben fast ganz ausgeschlossen.

Die Höhe der Löhne ist im ganzen doppelt so hoch, wie in Deutschland. In den Eisenwerken des Saarreviers, die im allgemeinen höhere Löhne als die schlesischen und niederere als die westfälischen zahlen, erhält ein einfacher Tagelöhner durchschnittlich per Tag Mk. 2,20—2,50, per Jahr (ca. 300 Arbeitstage) Mk. 660—750; Mk. 2,50—3,00,

---

[1] Sixth annual report. S. 296 ff.

per Jahr Mk. 750—900 wird nur für schwere Arbeit gegeben. Der Durchschnittslohn der Tagelöhner in den Eisenwerken der Union stellt sich über Dollar 400 per Jahr; unter Dollar 200 bewegt er sich sehr selten, öfters steigt er bis Dollar 500, zuweilen sogar bis Dollar 600 und Dollar 900. Schmiede stehn sich hier ca. auf Mk. 4 oder Mk. 1200 per Jahr; in den Eisenwerken der Union ist der Durchschnittslohn ca. Dollar 650. Schlackenleute erhalten hier ca. Mk. 2,80—3,00, per Jahr Mk. 840—900; drüben ca. Dollar 500 im Durchschnitt. — Charakteristisch für die Union ist nach Wright, dafs für keinen Beruf in den Vereinigten Staaten eine fixe Lohnrate existiert, dafs für ähnliche Arbeit zu gleicher Zeit selbst in demselben Staate sehr verschiedne Löhne sich finden[1]. Er giebt eine intressante Tabelle über die Löhne der Schmiede, welche den gleichzeitigen Durchschnittslohn derselben für 17 Fabriken in 10 Staaten veranschaulicht; das Jahr ist zu 313 Arbeitstagen veranschlagt. Die Löhne sind per Jahr in Dollar: 375, 573, 577, 617, 626, 653, 684, 704, 736, 744, 752, 762, 860, 860, 887, 935, 1131. — In den südlichen Staaten, wie Georgia, werden im allgemeinen niedrigere Löhne gezahlt, als in den nördlichen. Dies scheint mit der billigeren Lebenshaltung, der geringeren Arbeitsleistung und der starken Beimischung farbiger Elemente in Zusammenhang zu stehn. — Vielfach habe ich gehört, dafs die amerikanischen Arbeiter (in Amerika geborne) im allgemeinen höhern Lohn als die eingewanderten empfangen, weil sie schneller und geschickter arbeiten, auch weil sie sich infolge starken Selbstbewufstseins nicht so geringe Löhne, wie Einwanderer, bieten lassen. Um dies zu prüfen, sind von mir die Elemente aller Arbeitergruppen

---

[1] Sixth annual report. S. 294 ff.

Pennsylvaniens nach ihrem Geburtsland in jene beiden Kategorien geschieden. Die Berechnung der Durchschnittslöhne ergiebt, daſs die eingewanderten Roheisenarbeiter im allgemeinen gleichen, zuweilen sogar höhern Lohn beziehn. Für weitere Industrien haben wir die Richtigkeit obiger Behauptung hier nicht zu prüfen; vielleicht bezieht sie sich auf höhere Industrien, wo die Qualität der Leistung mehr in betracht kommt.

Als weitere Einnahmen nennt die Statistik die Summen, welche von Kostgängern und Schläfern (board and lodging) und aus andern Quellen (other sources) eingehn, und addiert bei der Berechnung der Gesamteinnahmen beide Posten anstandslos zu den vorigen. Wir werden nur die Löhne des Mannes, der Frau und der Kinder zusammenfassen und ihren Durchschnittsbetrag per Familie berechnen; die Durchschnittserträge der beiden letzten Einnahmeposten lassen wir für sich stehn. Die Höhe des erstern ist unsicher, weil sie nur nach dem Rohertrage angegeben ist, und wir nicht beurteilen können, wie viel Nahrungsmittel oder Wohnräume dafür abgegeben werden. Von dem letztern wissen wir nicht, ob er nur vorübergehender Natur, und welche Äquivalente dafür zu leisten sind. Beide Einnahmen sind öfters ziemlich hoch, bei manchen Familien stellen sie sich auf Dollar 150—200 und mehr; ihr Reinertrag wird indes weit geringer sein.

Ein unsicheres Moment kommt noch dadurch in die Rubrik Einnahmen, daſs die Arbeiter ohne weitere Bemerkung „eignes Haus" angeben. Wir wissen nicht, welchen Mietswert die Häuser haben, wie sich durch ihn also die Einnahmen des Arbeiters erhöhn. Annehmen müssen wir — dies ist freilich erstaunlich —, daſs alle Arbeiter Häuser ohne Hypothekenschulden besitzen. Ausgaben für Hypothekenzinsen finden sich nirgends; höchstens könnten wir die Rubrik „Diverse Ausgaben" dafür in Anspruch nehmen. — Dasselbe gilt von den Gärten, welche eine gröfsere Zahl Arbeiter besitzen. Auch Vieh, wie Kühe, Schweine, Pferde, Geflügel, ist nicht nach seinem Ertragswert abgeschätzt.

Im Folgenden behandeln wir auf Grund des Urmaterials zunächst die Löhne und andern Einnahmen der verschiednen Untergruppen der Roheisenarbeiter in Pennsylvanien und vergleichen die Durchschnittslöhne mit dem Charakter der speciellen Funktion jeder Klasse. Daran schliefst sich eine kurze Beschreibung der Löhne der Männer in den andern Staaten. Endlich führen wir die durchschnittlichen Tageslöhne in den Nord- und Südstaaten nach Angabe der Unternehmer an und versuchen, sie mit obigen Jahreslöhnen zu vergleichen.

Die Tabelle giebt in der ersten Rubrik den Beruf der Gruppe, in der zweiten die Zahl der inländischen und ausländischen Familien resp. Familienväter — beide sind stets identisch —, in der dritten, vierten und fünften die durchschnittlichen, höchsten und niedersten Löhne der im Inland und der im Ausland gebornen Familienväter und den Gesamtdurchschnitt der beiden Gruppen. Darauf folgen die Zahl der in Fabriken arbeitenden Frauen und Kinder, deren Durchschnittslöhne und der Gesamtdurchschnitt aller drei Löhne per Familie; zum Schlufs wird aufgezählt die Zahl der zahlenden Kostgänger oder Schläfer, die Zahl der andern Einnahmequellen, sowie die durchschnittlichen Einnahmen aus beiden Gruppen.

— 54 —

Beruf	Zahl der in- ländischen und aus- ländischen Familien		Durchschnittslohn der Familienväter	höchster Lohn	niederster Lohn	Gesamtdurchschnitt der Löhne der inländischen und ausländischen Familienväter
Tagelöhner	Amerikaner	61	404,39	600,00	175,00	} 420,43
(Laborer).	Ausländer	33	450,10	900,00	230,00	
Fuhrmann	Am.	1	515,00	515,00	515,00	—
(Teamster).	Ausl.	—	—	—	—	
Erz- und Kokslader, am, resp. auf dem Ofen. . .	Am.	42	514,89	600,00	340,00	} 514,04
(Filler, filler bottom) . . .	Ausl.	25	512,61	590,05	396,00	
Schmelzer, Giefser	Am.	3	990,83	1500,00	702,00	—
(Moulder, melter, founder)	Ausl.	—	—	—	—	
Ofenwärter	Am.	9	520,46	726,50	148,50	} 551,85
(Keeper, stovetender). . .	Ausl.	4	622,50	675,00	570,00	
Wärter der Winderhitzer.	Am.	6	560,54	594,00	524,75	} 565,81
(Hot blast man)	Ausl.	2	581,63	594,00	569,25	
Maschinist	Am.	11	717,25	930,50	600,00	} 701,13
(Engineer)	Ausl.	2	612,50	705,00	520,00	
Heizer.	Am.	4	524,44	584,25	449,00	} 528,82
(Fireman)	Ausl.	1	546,35	546,35	546,35	
Kesselwärter.	Am.	1	325,00	325,00	325,00	} 526,50
(Boilertender, watertender)	Ausl.	1	728,00	728,00	728,00	
Schlackenmann	Am.	12	500,42	584,00	200,00	} 505,29
(Cinderman, cindersnapper, scrapper, dumper) . . .	Ausl.	2	534,50	560,00	509,00	
Eisenlader	Am.	7	585,87	910,00	442,00	} 580,17
(Ironman, ironhandler) . .	Ausl.	2	560,20	600,00	520,40	
Eisenfahrer	Am.	23	592,61	837,50	180,00	} 596,43
(Ironbudger, ironcarrier) .	Ausl.	6	611,08	785,00	420,00	
Notierer, Aufseher	Am.	4	614,75	700,00	480,00	—
(Timekeeper, yardmaster, watschman)	Ausl.	—	—	—	—	
Kesselreparateur, Schlosser	Am.	2	708,13	750,00	666,25	—
(Machinist, mechanic). . .	Ausl.	—	—	—	—	
Maurer	Am.	1	618,00	618,00	618,00	—
(Bottombuilder).	Ausl.	—	—	—	—	
Schmied	Am.	3	656,93	720,00	580,00	} 659,47
(Blacksmith)	Ausl.	4	661,38	786,50	422,60	
Zimmermann	Am.	6	599,83	735,00	520,00	} 606,33
(Carpenter).	Ausl.	3	619,33	656,00	600,00	
Vorarbeiter	Am.	3	768,33	810,00	720,00	—
(Foreman)	Ausl.	—	—	—	—	
Gehülfe	Am.	22	503,68	584,00	374,00	} 501,35
(Helper, helper and laborer, helper and keeper). . .	Ausl.	7	494,01	594,00	337,50	

Zahl der Frauen in Fabriken	Durchschnittslohn per Frau	Zahl der arbeitenden Kinder	Durchschnittslohn per Kind	Gesamtdurchschnitt der drei Lohnklassen per Familie	Zahl der zahlenden Schläfer oder Kostgänger	Durchschnittseinnahme per Schläfer oder Kostgänger	Zahl der Familien mit andern Einnahmequellen	Durchschnittseinnahme daraus per Familie
1	140,00	20	241,69	} 499,47	22	128,91	18	56,72
—	—	6	409,33		4	171,25	12	91,09
—	—	—	—	—	—	—	—	—
—	—	1	100,00	} 535,30	11	121,27	9	66,17
—	—	6	220,74		10	140,60	3	208,67
—	—	—	—	—	—	—	—	—
—	—	3	398,13	} 672,96	—	—	1	32,00
—	—	1	380,00		—	—	1	200,00
—	—	—	—		—	—	4	222,25
—	—	1	218,70	} 593,15	6	155,00	1	192,00
—	—	3	325,95		—	—	3	43,33
—	—	2	150,00	} 799,43	2	204,00	—	—
—	—	—	—		1	85,00	1	32,00
—	—	—	—	—	—	—	—	—
—	—	—	—	} 513,84	5	86,40	4	100,00
—	—	1	119,20		—	—	1	56,00
—	—	—	—	—	—	—	—	—
—	—	—	—		1	136,00	—	—
—	—	—	—		2	148,00	3	24,93
—	—	—	—		7	34,29	2	37,50
—	—	1	250,00	} 677,25	3	108,00	—	—
—	—	—	—		—	—	—	—
—	—	—	—		—	—	1	370,00
—	—	—	—	—	—	—	—	—
—	—	—	—	—	—	—	—	—
—	—	1	252,00	} 803,04	3	66,67	—	—
—	—	4	188,25		—	—	2	105,00
—	—	1	640,00	} 677,44	—	—	—	—
—	—	—	—		—	—	2	29,00
—	—	—	—	—	—	—	—	—
—	—	1	519,75	} 531,17	6	143,33	7	41,66
—	—	3	115,00		2	170,50	4	295,25

Manche dieser Gruppen besitzen nur wenige Vertreter, die wichtige Abteilung der Schmelzer hat nur drei; wir haben die sämtlichen 313 pennsylvanischen Roheisenarbeiter vorgeführt. Die Vorarbeiter und Gehülfen sind soweit als möglich ihren Gruppen eingeordnet; unter den Rubriken Vorarbeiter und Gehülfen sind am Schlufs nur die genannt, welche sich nicht näher über ihren Beruf erklärt haben.

Ein Vergleich zwischen den Durchschnittslöhnen der Familienväter und dem Charakter ihrer speciellen Arbeit ist sehr schwer anzustellen. Wie oben ausgeführt, sind die lokalen Bedingungen für den Charakter der Arbeit: ihre Gefährlichkeit, Schwere u. s. w. oft entscheidend; wir kennen nur im allgemeinen die Art der Funktion der verschiednen Untergruppen. Trotzdem lassen sich einige Folgerungen aus dem Vergleich mit ziemlicher Sicherheit ziehn. Wir stellen die frühere Tabelle hierher, welche die Arbeit der einzelnen Berufe charakterisierte. (Siehe Tabelle S. 57.) Die Gefahr der Arbeit scheint kein wesentliches Moment bei der Lohnbildung zu sein; Leute mit mittlerer oder geringer Gefahr, wie Maschinisten, Schmiede, Schlosser, Zimmerleute, erhalten sehr hohen Lohn. Vielleicht fällt sie bei der Bezahlung der Schmelzer ins Gewicht, die einen besonders gefährlichen Beruf haben. Eine gröfsere Rolle spielt die Schwere der Arbeit. Erz- und Kokslader, Schlackenleute, Eisenleute (Eisenlader, Eisenfahrer) sind im Grunde Taglöhner; dafs sie höhern Lohn als jene empfangen, ist nur auf ihre schwere Arbeit zurückzuführen. Nächstdem kommt die Zuverlässigkeit. Die Vorarbeiter aller Gruppen, die für den Gang des Ofens verantwortlichen Ofenwärter, die Maschinisten, die Notierer, Aufseher, Schmiede u. s. w. werden hoch bezahlt. Bei all diesen, die Notierer und Aufseher ausgenommen,

Beruf	Ausbildung	Gefahr	Schwere	Zuverlässigkeit	Durchschnittslohn der Familienväter
Tagelöhner	1	2	1	1	420,43
Fuhrmann	2	2	1	1	515,00
Erz- und Kokslader, am, resp. auf dem Ofen	1	2	3	1	514,04
Schmelzer, Giefser	3	3	2	2	990,83
Ofenwärter	3	2	2	3	551,85
Wärter der Winderhitzer	2	2	1	2	565,81
Maschinist	3	2	1	3	701,13
Heizer	1	2	1	1	528,82
Kesselwärter	2	1	1	3	526,50
Schlackenmann	1	2	3	1	505,29
Eisenlader	1	2	3	1	580,17
Eisenfahrer	1	2	3	1	596,43
Notierer, Aufseher	1	2	1	3	614,75
Kesselreparateur, Schlosser	3	1	2	3	708,13
Maurer	3	1	1	3	618,00
Schmied	3	1	3	3	659,47
Zimmermann	3	1	1	3	606,33

wird im allgemeinen zugleich eine höhere Ausbildung oder Geschicklichkeit verlangt; die Einflüsse der Zuverlässigkeit und der Ausbildung lassen sich daher schwer trennen. Die Notierer und Aufseher haben freilich einen hohen Lohn; fraglich ist aber, ob sie nicht noch weitere Arbeit verrichten. Im Saarrevier werden vielfach ältere oder invalide Arbeiter auf diesen Posten verwendet und niedrig bezahlt (Mk. 2,50 bis 3,00). Den gröfsten Einfluſs hat ohne Zweifel die Ausbildung oder Geschicklichkeit; wo wir eine 3 in dieser Rubrik finden, können wir stets auf hohen Lohn rechnen. Hiermit steht die Thatsache im Einklang, daſs die technisch feineren Industrien — falls sie dem allgemeinen Volkscharakter entsprechen und ausreichende Beschäftigung haben — höhere Löhne den Gruppen zahlen, von denen sie höhere Ausbildung verlangen.

Von den Roheisenarbeitern aller Staaten beschreiben wir nur die wesentlichste Einnahmequelle, die Löhne der Familienväter. Einmal wird der durchschnittliche, höchste und niedrigste Lohn für die verschiednen Gruppen in allen Staaten zusammen gegeben, dann werden die wichtigsten Staaten besonders behandelt. Die von der Statistik erforschten Staaten sind Pennsylvanien, Ohio, Alabama, New-York, die beiden Virginia, Tennessee, Illinois und Georgia. (Siehe Tabelle S. 60 u. 61.) Die Durchschnittslöhne in allen Staaten zusammen zeigen manche Abweichungen von denen in Pennsylvanien. Im allgemeinen bleiben sie hinter den pennsylvanischen zurück; dies gilt besonders von den Löhnen der Tagelöhner, Schmelzer und Giefser, Schlackenleute, Eisenfahrer, Notierer, Schmiede. Ähnliche Löhne haben die Erz- und Kokslader, die Maschinisten, die Zimmerleute. Hervorzuheben ist noch, dafs die Gichter oder Lader auf dem Ofen (Fillers top) hier besonders im Urmaterial genannt sind und (in Folge der gröfsern Gefahr ihres Berufs) einen höhern Lohn als die Lader am Ofen in ihrer Gesamtheit aufweisen. — Unter den einzelnen Staaten tritt besonders Georgia, welches wir nicht specieller behandelt haben, durch niedere Löhne hervor; in ihm, dem südlichsten der erwähnten Staaten, wirken jedenfalls am stärksten die oben genannten Gründe für niedrigere Löhnung. Alabama und die beiden Virginia zeigen freilich zuweilen relativ hohe Löhne; die Industrie ist indes hier jung und mufs erst Arbeitskräfte sich schaffen. Nach der nächsten Tabelle, welche Norden und Süden, völlig trennt, zahlt der Süden zweifellos geringere Löhne. Ohios Löhne stehn denen Pennsylvaniens fast gleich.

Nach Angabe der Fabrikanten sind von unsrer Statistik die durchschnittlichen Tageslöhne für die einzelnen Gruppen in einigen Fabriken des Nordens und Südens berechnet[1]. Die Tabelle giebt den durchschnittlichen, höchsten und niedrigsten Lohnsatz daraus, ferner eine Berechnung des Jahreslohns aus dem durchschnittlichen Tageslohn, (das Jahr zu 300 Arbeitstagen). (Siehe Tabelle S. 62.) Aus dieser Tabelle geht klar hervor, dafs die südlichen Staaten im allgemeinen niedrigere Löhne zahlen als die nördlichen.

Wie schon oben bemerkt, decken sich die so berechneten Jahreslöhne mit den von den Arbeitern angegebenen nur schwer. Für den Vergleich stehn keine gleichartigen Gröfsen zu Gebot; wir können nicht die Aussagen des Unternehmers und der Arbeiter derselben Fabrik gegenüberstellen, nicht einmal die Aussagen der Unternehmer und Arbeiter desselben Staats. Aufserdem sind von den Unternehmern die Tagelöhne, von den Arbeitern die Jahreslöhne genannt. Um wenigstens einen ungefähren Vergleich zu ermöglichen, geben wir in der letzten Tabelle die Jahreslöhne nach Angabe der Arbeiter und der Arbeitsgeber. (Siehe Tabelle S. 63.) Von grofsem Intresse ist, dass die Angaben der Fabrikanten über die Löhne fast durchweg hinter denen der Arbeiter, besonders der pennsylvanischen zurückbleiben, und dafs die Differenzen für den Norden nicht übermäfsige sind. Hiernach sind die Arbeiter nicht in den Fehler verfallen, ihre Löhne zu niedrig anzugeben, ihre Lage schwarz zu schildern. Die Differenzen erklären sich vielleicht zum Teil aus dem gröfsern Umfang des amerikanischen Arbeitsjahrs; die Zahl der öffentlichen Festtage ist dort geringer als in Europa.

---

[1] Sixth annual report. S. 472 ff.

Beruf	Gesamtzahl	In allen Staaten zusammen			Ohio		
		Durchschnittslohn	höchster Lohn	niedrigster Lohn	Durchschnittslohn	höchster Lohn	niedrigster Lohn
Tagelöhner . . .	49	394,59	629,35	150,00	412,32	516,80	323,72
Fuhrmann . . .	3	341,66	375,00	300,00	—	—	—
Erz- und Kokslader am resp. auf dem Ofen .	49	505,48	780,45	340,00	501,33	638,75	396,40
Erz- und Kokslader auf dem Ofen	17	530,66	780,45	340,00	586,09	638,75	531,57
Schmelzer, Giefser	11	523,39	892,50	315,50	—	—	—
Ofenwärter . . .	32	564,87	1082,85	330,64	601,81	780,00	448,75
Wärter der Winderhitzer . . .	5	495,69	591,20	400,50	475,75	514,80	400,50
Maschinist . . .	35	705,27	1200,00	370,25	669,93	1020,00	480,00
Heizer	9	424,65	600,00	205,00	541,65	541,65	541,65
Kesselwärter . .	8	547,30	693,50	410,20	518,56	518,56	518,56
Schlackenmann .	29	406,02	780,00	200,00	450,83	507,55	385,50
Eisenlader (auch iron breaker und iron loader) . .	22	522,77	720,50	275,00	590,00	720,50	520,50
Eisenfahrer . . .	20	503,26	800,00	200,00	598,54	766,10	511,83
Notierer, Aufseher	8	466,25	780,00	260,00	—	—	—
Kesselreparateur, Schlosser . . .	9	824,35	1200,00	575,00	718,75	862,50	575,00
Schmied	11	514,82	768,00	351,00	550,50	638,75	412,75
Zimmermann . .	11	605,29	912,50	264,00	638,75	638,75	638,75
Vorarbeiter . . .	5	886,45	1118,88	646,20	854,85	1105,00	646,20
Gehülfe	12	563,29	821,25	435,40	493,07	545,30	435,40

Alabama			New-York			Virginia und West-Virginia		
Durchschnittslohn	höchster Lohn	niedrigster Lohn	Durchschnittslohn	höchster Lohn	niedrigster Lohn	Durchschnittslohn	höchster Lohn	niedrigster Lohn
354,81	564,00	227,75	386,44	547,00	290,00	478,50	626,00	399,00
—	—	—	375,00	375,00	375,00	325,00	350,00	300,00
471,90	575,00	349,00	440,17	562,18	180,07	421,19	588,00	350,30
486,20	575,00	340,00	456,12	511,85	360,00	—	—	—
470,00	690,00	315,50	560,91	568,39	553,44	447,00	447,00	447,00
529,39	658,50	330,64	530,23	614,68	406,00	491,70	491,70	491,70
—	—	—	591,20	591,20	591,20	—	—	—
777,26	1200,00	448,00	607,28	760,00	488,86	584,00	584,00	584,00
404,04	600,00	205,00	—	—	—	—	—	—
528,84	630,00	410,20	522,14	522,14	522,14	—	—	—
333,09	462,23	268,29	412,21	476,63	340,00	326,09	329,00	323,18
468,31	690,00	275,00	493,91	556,94	432,00	573,50	600,00	547,00
455,97	581,31	325,00	—	—	—	364,67	393,00	336,35
—	—	—	690,00	780,00	600,00	266,66	273,00	260,00
858,63	1100,00	635,00	771,86	771,86	771,86	—	—	—
562,00	654,00	470,00	500,00	500,00	500,00	559,50	768,00	351,00
743,23	912,50	625,40	600,00	600,00	600,00	700,00	700,00	700,00
1118,88	1118,88	1118,88	—	—	—	748,80	748,80	748,80
—	—	—	493,00	546,00	440,00	—	—	—

Beruf	Zahl der Fabriken im Norden und Süden	Tageslohn			durchschnittlicher Jahreslohn
		durchschnittlicher	höchster	niedrigster	
Tagelöhner	N. 14	1,39	2,35½	1,00	417,00
	S. 5	1,07	1,29½	0,96½	321,00
Fuhrmann	N. 0	—	—	—	—
	S. 1	1,01½	1,01½	1,01½	304,50
Erz- und Kokslader, am, resp. auf dem Ofen	N. 21	1,55	2,03	1,09½	468,00
	S. 9	1,21	1,50	1,06	363,00
Schmelzer, Gießer	N. 6	2,56	6,78	1,50	768,00
	S. 4	2,93½	4,52	1,55	880,50
Ofenwärter	N. 21	2,04	3,25	1,25½	612,00
	S. 8	1,63	2,00	1,15	489,00
Wärter der Winderhitzer	N. 2	1,56½	1,59½	1,53½	469,50
	S. 2	1,27¾	1,40½	1.15	383,25
Maschinist	N. 11	2,23	3,00	1,54½	669,00
	S. 5	1,92¾	2,25	1,75	578,25
Heizer	N. 6	1,76⅔	2,25	1,35	530,00
	S. 3	1,38⅔	1,53½	1,13	416,00
Kesselwärter	N. 5	1,89	2,10	1,50	567,00
	S. 1	1,40	1,40	1,40	420,00
Schlackenmann	N. 13	1,57	1,98½	1,25	471,00
	S. 2	1,10¾	1,13½	1,08	332,25
Eisenlader	N. 7	2,01	2,50	1,61	603,00
	S. 4	1,28¼	1,41	1,10	384,75
Eisenfahrer	N. 0	—	—	—	—
	S. 1	1,93	1,93	1,93	579,00
Notierer, Aufseher	N. 9	1,93	2,88½	1,50	579,00
	S. 0	—	—	—	—
Kesselreparateur, Schlosser	N. 7	1,98	2,61	1,60½	594,00
	S. 4	2,32	3,00	1,00	696,00
Schmied	N. 17	1,93	2,75	1,30	579,00
	S. 7	1,62	2,75	1,00	486,00
Zimmermann	N. 11	2,03	2,38½	1,60	609,00
	S. 3	1,99⅓	2,48½	1,50	598,00
Vorarbeiter	N. 9	2,54	2.97	2,09½	762,00
	S. 5	2,60	3,93½	1,93½	780,00
Gehülfe	N. 9	1,70	2,49	1,42½	510,00
	S. 1	1,25	1,25	1,25	375,00

Beruf	Durchschnittlicher Jahreslohn		Durchschnittlicher Jahreslohn nach Angabe der Arbeitsgeber	
	nach Angabe der Arbeiter Pennsylvaniens	nach Angabe der Arbeiter aller Staaten	des Nordens	des Südens
Tagelöhner	420,43	394,59	417,00	321,00
Fuhrmann	515,00	341,66	—	304,50
Erz- und Kokslader, am, resp. auf dem Ofen	514,04	505,48	468,00	363,00
Schmelzer, Giefser	990,83	523,39	768,00	880,50
Ofenwärter	551,85	564,87	612,00	489,00
Wärter der Winderhitzer	565,81	495,69	469,50	383,25
Maschinist	701,13	705,27	669,00	578,25
Heizer	528,82	424,65	530,00	416,00
Kesselwärter	526,50	547,30	567,00	420,00
Schlackenmann	505,29	406,02	471,00	332,25
Eisenlader	580,17	522,77	603,00	384,75
Eisenfahrer	596,43	503,26	—	579,00
Notierer, Aufseher	614,75	466,25	579,00	—
Kesselreparateur, Schlosser	708,13	824,35	594,00	696,00
Maurer	618,00	—	—	—
Schmied	659,47	514,82	579,00	486,00
Zimmermann	606,33	605,29	609,00	598,00
Vorarbeiter	768,33	886,45	762,00	780,00
Gehülfe	501,35	563,29	510,00	375,00

Berechnen wir die Jahreslöhne nach den Angaben der Arbeitgeber auf Grund eines Arbeitsjahres von 313 Tagen — diese Zahl benutzt Wright in der Statistik vielfach —, so kommen sich die Angaben der Arbeiter und Unternehmer bedeutend näher.

3. Kosten der Lebenshaltung.

Wir haben jetzt zu fragen, welche Arten und Mengen der Güter die Roheisenarbeiter für ihre Löhne erkaufen können, und welche sie thatsächlich in typischen Fällen erwerben; die Preise der Güter und die Ausgaben der einzelnen Arbeiter und Arbeitergruppen sind unser nächster Gegenstand. Die Ausgaben für Güter — Einnahmeposten der weiteren Bilanz, wie wir oben ausgeführt — machen den gröfsten Teil der Budgets aus. Daneben ist zu betrachten, welche Summen nicht in Güter umgesetzt, sondern direkt an den Staat, die Kirche etc. abgeführt werden. Diese Posten haben in Vergleich zu den vorigen nur geringe Gröfse; sie geben uns aber Aufschlufs über einen Teil der Kraftausgaben, die wir im ersten Kapitel allgemein charakterisiert haben, und über die Stellung der Roheisenarbeiter zu den leitenden Ständen, über ihre autoritative Lage.

Das Urmaterial enthält in 762 Budgets genaue Forschungen über die sämtlichen Ausgaben der Roheisenarbeiter. Es behandelt im einzelnen die gröfsern Ausgaben für Nahrung, Wohnung, Heizung, Licht, Kleidung und widmet zum Schlufs den kleinern Ausgaben für Steuern, Versicherung, religiöse Zwecke etc. dankenswerte

Aufmerksamkeit. Wir werden nicht nur über die Ausgaben für Fleisch, Miete, Kohlen etc. im allgemeinen unterrichtet, sondern auch vielfach über die Gesamtquantität, welche für den Preis erhalten ist; dadurch können wir uns die Detailpreise der wichtigsten Güter ungefähr rekonstruieren.

Wie bei den Löhnen, so ist hier durch einfache Einrechnung der Ausgaben für die übrigen Mitglieder des Haushalts — boarders and others (Kostgänger, Schläfer, vielleicht auch entferntere Verwandte) — in die Familienausgaben eine Unklarheit in die Budgets gebracht. Naturgemäfs sind die Arbeiter nicht imstande, alle Ausgabeposten getrennt für ihre Familie und die übrigen Mitglieder anzugeben; hätten sie aber ihre Reineinnahmen von diesen ungefähr genannt, so könnte man sich ein Bild machen, welcher Teil der Ausgaben vom Conto der Familienausgaben abzusetzen ist. Im vorliegenden Fall müssen wir bei dieser gröfsern Gemeinschaft und deren Ausgaben stehn bleiben; nur durch Vergleich der durchschnittlichen Gröfse der Familie und der Haushaltung vermögen wir ungefähr die reinen Familienausgaben zu bestimmen. - Eine Reihe Arbeiter hat mangelhafte oder gar keine Angaben über die Kosten der Lebenshaltung gemacht. Einer nennt keine Ausgaben für Nahrungsmittel und sagt unter „Übrige Nahrung" (food not specified) Dollar 960; unter „Varia" (other expenses) finden sich zuweilen Posten von Dollar 100 und 250. Unter „Rindfleisch" — die Rubrik Fleisch besteht aus den Unterrubriken Rindfleisch, Schweinefleisch, diverses Fleisch — haben nur 3 Pennsylvanier Angaben gemacht, während sie nach aller Erfahrung und dem Verbrauch der Roheisenarbeiter im benachbarten Ohio nicht geringe Quantitäten verzehren; in Tennessee geben 30 Personen gar kein Fleisch an, das ist auch für einen Südstaat unglaubwürdig. Dies bringt in die Berechnung der Budgets der Arbeitergruppen, wie der Tagelöhner etc., weitere Ungenauigkeiten. Besonders macht es Vergleiche des Verbrauchs einzelner Nahrungsmittel in den verschiednen Staaten sehr unsicher oder unmöglich; wir müssen uns z. B. erst eine neue Rubrik Fleisch bilden, die jene drei Unterabteilungen vereinigt, um wenigstens ungefähr den Fleischverbrauch in den verschiednen Staaten vergleichen zu können. Bezeichnet hätte werden müssen, ob eine Familie überhaupt kein Fleisch verbraucht, keine Steuern zahlt u. s. w., oder ob sie keine Angaben machen kann; eine ungefähre Schätzung wäre im letztern Falle wohl stets zu erzielen gewesen. – Nur für die wichtigsten Güter sind den Angaben über den Gesamtpreis solche über das Gesamtquantum beigegeben; unter diesen fehlen Brot, Mehl und Kleidung. Über die Preise der kleinern Verbrauchsartikel, wie Käse, Salz, Pfeffer, Gemüse etc. bleiben wir ganz im dunkeln. – Die Differenz der Preise in der Stadt und auf dem Lande lernen wir nicht kennen, weil die Wohnortsangaben fehlen. Sie wird indes nicht grofs sein, da der Unterschied zwischen Stadt und Land in der Union bedeutend geringer als in Europa ist. Die Farmer stehn mit den Städten in enger Verbindung; ihre Wohnhäuser, Kleider, Zeitungen u. s. w. unterscheiden sich — besonders in den östlichen und centralen Staaten — nicht wesentlich von den städtischen.

Wir haben hier nicht Vergleiche über die Preise und den Güterkonsum der Roheisenarbeiter in der Union und in andern Ländern anzustellen; die folgenden Bemerkungen darüber dienen nur zur vorläufigen Orientierung. Die Preise der Güter sind im allgemeinen gleich den deutschen oder ein wenig höher. Nahrungsmittel stellen sich gleich oder niedriger; ebenso Genufsmittel, wie Thee, Kaffee. Höher sind etwas die Preise für Wohnung, Kleidung und Genufsmittel, wie Spirituosen, Tabak; der höhere Preis dieser Genufsmittel ist die Folge der Steuer. — Der Konsum der Güter ist in der Union bei weitem gröfser als in Deutschland. Beim Vergleich der amerikanischen Fleischrechnungen mit deutschen finden wir in ersteren Zahlen, die selbst in den Budgets höherer Bevölkerungsschichten hier nicht die Regel bilden. Die Familie eines Roheisenarbeiters Pennsylvaniens (im Durchschnitt mit Kostgängern 5,3 Köpfe stark) zahlt für „Diverses Fleisch" (Meat bezeichnet alles Fleisch ohne Unterschied) durchschnittlich Dollar 0,10 für das amerikanische Pfund und konsumiert durchschnittlich für Dollar 67,52, also ca. 675 Pfund. In Ohio verbrauchen Familien zuweilen 1200 Pfund Fleisch und mehr; die eine (Nr. 293) ist 6 Köpfe stark (Eltern, vier Kinder) und braucht 1458 Pfund. — Um ein vorläufiges Bild über Preise und Konsum der Güter zu geben und neben den spätern Durchschnitten den individuellen Charakter des einzelnen Haushalts hervorzuheben, setzen wir eine Reihe Budgets des Urmaterials über Pennsylvanien hierher. Die Preise per Pfund, Dutzend u. s. w. sind soweit als möglich nach den Angaben der Budgets gegeben; beim Mangel an solchen sind die später folgenden Durchschnittspreise Pennsylvaniens zur Berechnung benutzt. Die Einnahmen der 7 Budgets zeigen die grofse Spannweite der amerikanischen Löhne; im ersten beträgt er Dollar 301,20, im letzten Dollar 1500. Wir haben Budgets ohne Deficits und ohne Nebeneinnahmen von Frauen, Kindern, Schläfern oder Kostgängern ausgewählt.

1. Tagelöhner.			2. Tagelöhner.		
Nr. 524. Alter 66 Jahr, Frau zu Haus, kein Kind, Lohn Dollar 301,20, eignes Haus, Garten.			Nr. 631. Alter 37 Jahr, Frau zu Haus, 2 Kinder, Lohn Dollar 403, 20.		
Ausgaben für	Verbrauch in Dollars	Ungefähre Quantität	Ausgaben für	Verbrauch in Dollars	Ungefähre Quantität
1. Nahrung.			1. Nahrung.		
Rindfleisch	—	—	Rindfleisch	—	—
Schweinefleisch . . .	1,80	15 ℔	Schweinefleisch . . .	10,00	100 ℔
Diverses Fleisch . .	26,00	260 ℔	Diverses Fleisch . .	36,40	364 ℔
Eier	7,50	50 Dtzd.	Eier	8,50	50 Dtzd.
Speck	3,00	30 ℔	Speck	6,00	50 ℔
Butter	15,00	75 ℔	Butter	25,00	100 ℔
Thee	1,95	3,9 ℔	Thee	14,40	28,8 ℔
Kaffee	3,25	12,5 ℔	Kaffee	—	—
Zucker	8,00	100 ℔	Zucker	24,00	300 ℔
Syrup	2,40	4 Galls.	Syrup	—	—
Kartoffel	—	—	Kartoffel	—	—
Geflügel	1,00	—	Geflügel	—	—
Fisch	3,00	—	Fisch	1,00	—
Milch	6,50	—	Milch	12,00	—
Mehl u. Kleie . . .	16,10	—	Mehl u. Kleie . . .	33,00	—
Brot	1,00	—	Brot	—	—
Reis	0,50	—	Reis	—	—
Käs	2,00	—	Käs	—	—
Früchte	11,50	—	Früchte	7,00	—
Essig	1,40	—	Essig	1,00	—
Gemüse	6,00	—	Gemüse	—	—
Diverse Nahrung . .	5,50	—	Diverse Nahrung . .	6,60	—
Summe	123,40		Summe	184,90	
2. Wohnung.			2. Wohnung.		
Eignes Haus	—	—	Mietswohnung . . .	64,00	6 W. R.
3. Feurung und Licht.			3. Feurung und Licht.		
Kohlen	24,00	8 tons	Kohlen	33,00	12 tons
Holz	—	—	Holz	—	—
Gas	—	—	Gas	—	—
Petroleum	2,60	26 Galls.	Petroleum	3,00	30 Galls.

Ausgaben für	Verbrauch in Dollars	Ungefähre Quantität	Ausgaben für	Verbrauch in Dollars	Ungefähre Quantität
1. Fortsetzung.			**2. Fortsetzung.**		
4. Kleidung.			4. Kleidung.		
Mann	26,00	—	Mann	25,75	—
Frau	20,00	—	Frau	12,00	—
Kinder	—	—	Kinder	10,00	—
5. Kleinere Ausgaben.			5. Kleinere Ausgaben.		
Hausgeräthe	12,00	—	Hausgeräthe	11,00	—
Steuern	12,00	—	Steuern	1,25	—
Versicherung, Eigentum	—	—	Versicherung, Eigentum	—	—
Versicherung, Leben	—	—	Versicherung, Leben	—	—
Vereine, Arbeiter	—	—	Vereine, Arbeiter	—	—
- , andre	—	—	- , andre	—	—
Religion	25,00	—	Religion	10,00	—
Wohlthätigkeit	3,00	—	Wohlthätigkeit	1,00	—
Bücher u. Zeitungen	11,40	—	Bücher u. Zeitungen	1,00	—
Vergnügungen	—	—	Vergnügungen	—	—
Geistige Getränke	—	—	Geistige Getränke	—	—
Tabak	—	—	Tabak	7,80	—
Krankheit u. Tod	4,00	—	Krankheit u. Tod	1,00	—
Diverses	8,50	—	Diverses	22,20	—
Summe (2—5)	148,50	—	Summe (2—5)	203,00	—
Gesamtsumme (1—5)	271,90	—	Gesamtsumme (1—5)	387,90	—

3. Eisenfahrer.

Nr. 446. Alter 56 Jahr, Frau zu Haus, 2 Kinder, Lohn Dollar 499,00, Grofsvieh.

4. Tagelöhner.

Nr. 396. Alter 36 Jahr, Frau zu Haus, 3 Kinder, 1 nicht zahlender Kostgänger, Lohn Dollar 605,00, Geflügel.

Ausgaben für	Verbrauch in Dollars	Ungefähre Quantität	Ausgaben für	Verbrauch in Dollars	Ungefähre Quantität
1. Nahrung.			1. Nahrung.		
Rindfleisch	—	—	Rindfleisch	—	—
Schweinefleisch	24,50	150 ℔	Schweinefleisch	26,00	200 ℔

3. Fortsetzung.

Ausgaben für	Verbrauch in Dollars	Ungefähre Quantität
Diverses Fleisch . .	40,00	400 ℔
Eier	4,80	30 Dtzd.
Speck	—	—
Butter	30,00	150 ℔
Thee	3,25	6,5 ℔
Kaffee	6,50	25 ℔
Zucker	24,00	300 ℔
Syrup	—	—
Kartoffel	—	—
Geflügel	1,00	—
Fisch	1,00	—
Milch	5,00	—
Mehl u. Kleie . . .	16,20	—
Brot	5,00	—
Reis	2,00	—
Käs	3,00	—
Früchte	5,00	—
Essig	3,60	—
Gemüse	1,00	—
Diverse Nahrung . .	4,00	—
Summe	179,85	—
2. Wohnung.		
Mietswohnung . . .	60,00	4 W. R.
3. Feurung und Licht.		
Kohlen	33,00	12 tons
Holz	—	—
Gas	—	—
Petroleum	3,12	26 Galls.
4. Kleidung.		
Mann	11,50	—
Frau	8,00	—
Kinder	58,00	—

4. Fortsetzung.

Ausgaben für	Verbrauch in Dollars	Ungefähre Quantität
Diverses Fleisch . .	30,00	300 ℔
Eier	0,75	3 Dtzd.
Speck	12,00	100 ℔
Butter	40,00	200 ℔
Thee	12,00	24 ℔
Kaffee	18,00	69 ℔
Zucker	26,00	325 ℔
Syrup	—	—
Kartoffel	10,00	20 bush.
Geflügel	—	—
Fisch	0,50	—
Milch	13,00	--
Mehl u. Kleie . . .	33,40	--
Brot	—	—
Reis	1,00	—
Käs	—	—
Früchte	20,50	—
Essig	3,75	—
Gemüse	4,00	—
Diverse Nahrung . .	8,50	—
Summe	259,40	—
2. Wohnung.		
Mietswohnung . . .	48,00	4 W. R.
3. Feurung und Licht.		
Kohlen	36,00	12 tons
Holz	—	—
Gas	—	—
Petroleum	5,20	40 Galls.
4. Kleidung.		
Mann	15,00	—
Frau	33,25	—
Kinder	26,00	—

3. Fortsetzung. 4. Fortsetzung.

Ausgaben für	Verbrauch in Dollars	Ungefähre Quantität	Ausgaben für	Verbrauch in Dollars	Ungefähre Quantität
5. Kleinere Ausgaben.			5. Kleinere Ausgaben.		
Hausgeräthe	64,50	—	Hausgeräthe	38,00	—
Steuern	2,00	—	Steuern	1,40	—
Versicherung, Eigentum	—	—	Versicherung, Eigentum	—	—
Versicherung, Leben	—	—	Versicherung, Leben	—	—
Vereine, Arbeiter. .	—	—	Vereine, Arbeiter. .	—	—
- , andre . . .	—	—	- , andre . . .	—	—
Religion	5,00	—	Religion	—	—
Wohlthätigkeit. . .	2,50	—	Wolthätigkeit . . .	5,00	—
Bücher u. Zeitungen	3,50	—	Bücher u. Zeitungen	6,70	—
Vergnügungen . . .	4,00	—	Vergnügungen . . .	—	—
Geistige Getränke .	—	—	Geistige Getränke .	36,00	—
Tabak	13,00	—	Tabak	26,00	—
Krankheit u. Tod .	2,50	—	Krankheit u. Tod .	5,00	—
Diverses	14,00	—	Diverses	36,00	—
Summe (2—5)	284,62	—	Summe (2—5)	317,55	—
Gesamtsumme (1—5)	464,47	—	Gesamtsumme (1—5)	576,95	—

5. Ofenwärter.

Nr. 490. Alter 24 Jahr, Frau zu Haus, 2 Kinder, Lohn Dollar 726,50, eignes Haus, Garten, Grofsvieh u. Geflügel.

6. Eisenlader.

Nr. 383. Alter 40 Jahr, Frau zu Haus, 4 Kinder, Lohn Dollar 910,00.

Ausgaben für	Verbrauch in Dollars	Ungefähre Quantität	Ausgaben für	Verbrauch in Dollars	Ungefähre Quantität
1. Nahrung.			1. Nahrung.		
Rindfleisch	—	—	Rindfleisch	—	—
Schweinefleisch . .	7,20	60 ℔	Schweinefleisch . . .	—	—
Diverses Fleisch . .	34,00	340 ℔	Diverses Fleisch . .	69,60	620 ℔
Eier	5,60	10 Dtzd.	Eier	6,60	55 Dtzd.

5. Fortsetzung.

Ausgaben für	Verbrauch in Dollars	Ungefähre Quantität
Speck	12,00	100 ℔
Butter	35,00	175 ℔
Thee	7,20	14,4 ℔
Kaffee	4,50	17,3 ℔
Zucker	20,00	250 ℔
Syrup	1,40	2 Galls.
Kartoffel	—	—
Geflügel	—	—
Fisch	1,50	—
Milch	6,00	—
Mehl u. Kleie	34,20	—
Brot	2,00	—
Reis	2,00	—
Käs	1,00	—
Früchte	13,00	—
Essig	3,40	—
Gemüse	—	—
Diverse Nahrung	4,00	—
Summe	194,00	—

2. Wohnung.

Eignes Haus	—	—

3. Feurung und Licht.

Kohlen	39,00	13 tons
Holz	—	—
Gas	—	—
Petroleum	2,60	26 Galls.

4. Kleidung.

Mann	68,00	—
Frau	24,50	—
Kinder	22,00	—

6. Fortsetzung.

Ausgaben für	Verbrauch in Dollars	Ungefähre Quantität
Speck	5,20	52 ℔
Butter	15,00	50 ℔
Thee	18,00	36 ℔
Kaffee	12,00	40 ℔
Zucker	31,50	315 ℔
Syrup	2,40	4 Galls.
Kartoffel	9,60	12 bush.
Geflügel	—	—
Fisch	14,40	—
Milch	12,96	—
Mehl u. Kleie	20,00	—
Brot	1,80	—
Reis	—	—
Käs	3,20	—
Früchte	4,10	—
Essig	—	—
Gemüse	7,30	—
Diverse Nahrung	65,00	—
Summe	298,66	—

2. Wohnung.

Mietswohnung	110,00	7 W. R.

3. Feurung und Licht.

Kohlen[1]	27,00	—
Holz	—	—
Gas	—	—
Petroleum	9,50	79 Galls.

4. Kleidung.

Mann	20,00	—
Frau	20,00	—
Kinder	65,00	—

[1] Hier ist nur Feurung im allgemeinen angegeben.

5. Fortsetzung. 6. Fortsetzung.

Ausgaben für	Verbrauch in Dollars	Ungefähre Quantität	Ausgaben für	Verbrauch in Dollars	Ungefähre Quantität
5. Kleinere Ausgaben.			5. Kleinere Ausgaben.		
Hausgeräthe	7,50	—	Hausgeräthe	7,00	—
Steuern	12,00	—	Steuern	—	—
Versicherung, Eigentum	—	—	Versicherung, Eigentum	—	—
Versicherung, Leben	—	—	Versicherung, Leben	—	—
Vereine, Arbeiter..	—	—	Vereine, Arbeiter .	—	—
- , andre ...	—	—	- , andre ...	12,00	—
Religion	3,00	—	Religion	—	—
Wohlthätigkeit...	2,50	—	Wohlthätigkeit...	—	—
Bücher u. Zeitungen	2,50	...	Bücher u. Zeitungen	6,00	—
Vergnügungen ...	17,00	—	Vergnügungen ...	—	—
Geistige Getränke .	—	—	Geistige Getränke .	—	—
Tabak	13,00	—	Tabak	13,00	—
Krankheit u. Tod .	3,00	—	Krankheit u. Tod .	64,00	—
Diverses	116,90	—	Diverses	25,00	—
Summe (3—5)	333,50	—	Summe (2—5)	378,50	—
Gesamtsumme (1—5)	527,50	—	Gesamtsumme (1—5)	677,16	—

7. Schmelzer, Giesser.

Nr. 544. Alter 32 Jahr, Frau zu Haus, 4 Kinder, Lohn Dollar 1500,00, eignes Haus.

Ausgaben für	Verbrauch in Dollars	Ungefähre Quantität	Ausgaben für	Verbrauch in Dollars	Ungefähre Quantität
1. Nahrung.			Butter	55,00	250 ℔
Rindfleisch.....	—	—	Thee	7,20	14,4 ℔
Schweinefleisch ..	28,00	215,39 ℔	Kaffee	10,00	38,46 ℔
Diverses Fleisch ..	36,00	360 ℔	Zucker	28,00	350 ℔
Eier	16,00	100 Dtzd.	Syrup	—	—
Speck	7,20	60 ℔	Kartoffel	20,00	40 bush.

7. Fortsetzung.

Ausgaben für	Verbrauch in Dollars	Ungefähre Quantität	Ausgaben für	Verbrauch in Dollars	Ungefähre Quantität
Geflügel	8,00	—	**4. Kleidung.**		
Fisch	—	—	Mann	125,00	—
Milch	26,00	—	Frau	59,00	—
Mehl u. Kleie	48,60	—	Kinder	80,00	—
Brot	—	—	**5. Kleinere Ausgaben.**		
Reis	3,00	—			
Käs	1,00	—	Hausgeräthe	150,00	—
Früchte	28,00	—	Steuern	15,00	—
Essig	4,20	—	Versicherung, Eigentum	15,00	—
Gemüse	12,00	—			
Diverse Nahrung	25,00	—	Versicherung, Leben	60,00	—
Summe	363,20	—	Vereine, Arbeiter	—	—
			—, andre	5,20	—
2. Wohnung.			Religion	15,00	—
			Wohlthätigkeit	10,00	—
Eignes Haus	—	—	Bücher u. Zeitungen	51,00	—
			Vergnügungen	5,00	—
3. Feurung und Licht.			Geistige Getränke	10,00	—
			Tabak	26,00	—
Kohlen	41,60	16 tons	Krankheit u. Tod	40,00	—
Holz	—	—	Diverses	24,00	—
Gas	—	—	Summe (2—5)	734,92	—
Petroleum	3,12	26 Galls.	Gesamtsumme (1—5)	1098,12	—

Das wertvolle Werk des Senats der Union über Preise und Löhne, welches in der Einleitung erwähnt wurde, können wir nur in beschränktem Mafse für die Beschreibung der Preise benutzen[1]. — Soweit sich aus der Darstellung der Methoden dieser Forschungen erkennen läfst, bietet die Arbeit brauchbares Urmaterial für allgemeine Studien über

---

[1] Retail prices and wages. Report by Mr. Aldrich, from the Committee on Finance. Parts 1—3. Washington 1892.

Preise. Für die Periode von 1. Juni 1889 bis 1. September 1891 wurden unter anderm die Detailpreise von 215 allgemein gebrauchten Produkten in 70 gröfsern und kleinern Städten der Union am ersten Tag jedes Monats festgestellt. Man befragte zu diesem Zweck eine Reihe gröfserer Geschäfte, welche mafsgebend in den betreffenden Artikeln waren; die Befragung erfolgte durch Beamte des Arbeitsamts in Washington. Diese hatten persönlich aus den Geschäftsbüchern die Preise und hauptsächlich die beste Qualität der betreffenden Ware zu berücksichtigen. Hierdurch wurden Preislisten erreicht, welche die wirklichen Detailpreise an bestimmten Orten zu bestimmten Zeiten angeben und jeder statistischen Generalisierung durch Berechnung von Durchschnitten sich enthalten. Wie einseitige Generalisierung, so hat einseitige Individualisierung ihre Mängel. Wegen der Variabilität der Preise in der Union — ein Zeichen pluralistisch-organischen Charakters — giebt uns der relativ kleine Ausschnitt aus den wirklichen Preisen nur ein unvollkommnes Bild. Ob der erste Tag des Monats seinen wesentlichen Charakter erkennen läfst, ob die grofsen Detailgeschäfte grade an jenem Tag die führenden Preise forderten, ist zweifelhaft. Kurze Durchschnitte neben den individuellen Angaben hätten den Wert der Tabellen wesentlich erhöht. - Der Gebrauch der Arbeit für unsere Zwecke wird besonders durch Folgendes erschwert. Die Preise der besten Qualitäten der Waren sind festgestellt; wir dürfen nicht annehmen, dafs die Roheisenarbeiter das beste Fleisch, das beste Mehl u. s. w. gebrauchen. Ferner ist eine grofse Menge einzelner Artikel für Nahrung, Wohnung, Feurung, Kleidung u. s. w. vorgeführt; da wir nicht wissen, welche die Roheisenarbeiter vornehmlich konsumieren, haben wir für unsere Auswahl

— 76 —

keine sichere Basis. Endlich sind die Forschungen am 1. Juni 1889 begonnen, und fallen nur zum Teil in die Jahre 1888/89, unser specielles Forschungsobjekt.

Wir behandeln zunächst die Preise der wichtigeren Güter in den verschiednen Staaten der Union. Dann werden aus dem Urmaterial über Pennsylvanien die durchschnittlichen Budgets der gröfsern Arbeitergruppen, wie der Tagelöhner, Erzlader, berechnet, um ein Bild des Güterkonsums in den einzelnen Schichten der Roheisenarbeiter zu geben. Endlich versuchen wir den Konsum an Fleisch und andern erheblichen Gütern seitens der Roheisenarbeiter aller wichtigen Staaten der Union zu vergleichen. — Zur schnelleren Orientierung geben wir kurz nebeneinander die hier wichtigen amerikanischen und deutschen Mafse und Gewichte: 1 ton (grofs) = 2240 amerikanische Pfund = 1016,0175 kg; 1 Pfund = 0,4536 kg; 1 bushel = 35,237 l; 1 Gallon à 4 quarts = 3,7852 l; 1 barrel (Mehl) = 88,90 kg [1].

Unsere Darstellung der Preise entspricht nicht völlig den Thatsachen und ist unvollständig. Viele Arbeiter haben nur den Gesamtpreis eines Gutes, nicht seine Quantität angegeben; ihre Aussagen sind daher hier nicht zu verwerten. Aus einer relativ kleinen Zahl Angaben sind die Preise berechnet, welche die Roheisenarbeiter gezahlt haben. Die Arbeiter haben nicht Detailpreise für das Pfund oder Dutzend angegeben, sondern den Gesamtpreis der Gesamtquantität, z. B. 150 Pfund Zucker zu Dollar 15, 3 Pfund Thee zu Dollar 1,50. Wir können nicht kontrollieren, wie dieser Gesamtpreis berechnet ist, ob viele oder nur wenige

---

[1] Otto Hübner's Geographisch-statistische Tabellen aller Länder der Erde. Frankfurt a. M. 1893. S. 83. 84.

der verschiednen Detailpreise im Jahre bei der Zusammenstellung berücksichtigt sind. Für einige wichtige Artikel und die kleineren sind überhaupt keine Quantitätsangaben gemacht. Die Tabellen aus den Preislisten der Senatsarbeit bieten aus den obigen methodischen Gründen keinen völligen Ersatz. — Die folgenden Angaben sind dennoch von Nutzen. Einmal erfahren wir durch sie die Detailpreise in verschiednen Staaten und zum Teil grade die in den Bezirken der Roheisenindustrie, welche anderweitig schwer festzustellen sind. Erhebungen über Engrospreise an grofsen Plätzen, wie New-York, Philadelphia, können uns hier wenig nützen. Die Roheisenarbeiter kaufen im allgemeinen im Detail und sind den lokalen Preisbildungen unterworfen. Wir verlangen nicht zu wissen, wie sich der Wert der Waren im grofsen stellt, sondern wie er sich speciell den Roheisenarbeitern gegenüber gestaltet. Dann geben sie uns die Möglichkeit, nicht nur für Pennsylvanien, sondern auch für die übrigen Staaten die Kaufkraft des Lohnes einigermafsen zu bestimmen. Wie oben erwähnt, ordnen wir allein die pennsylvanischen Roheisenarbeiter nach ihren Funktionen zusammen und berechnen die Budgets dieser Gruppen. Ohne die Beschreibung der Preise würden wir betreffs der materiellen Lage der Roheisenarbeiter in den andern Staaten nur auf die Kenntnis der Löhne und die summarischen Vergleiche des Konsums im dritten Abschnitt unten angewiesen sein und uns auch nicht ein annäherndes Bild von dieser machen können.

Unter den Nahrungsmitteln, die in den Budgets erscheinen, sind ohne Quantitätsbestimmung geblieben Mehl, Brot, Reis, Milch, Fisch, Geflügel, Käse, Früchte, Gemüse, Essig; unter dem Feurungsmaterial das Holz. Die einzelnen Bekleidungsstücke sind nicht besonders genannt; wir erfahren nur, wie viel Mann, Frau, Kinder für Kleidung im allgemeinen bezahlen müssen. In den Tabellen sind die durchschnittlichen, höchsten und niedrigsten Preise angegeben; abnorme Preise haben wir mit einer Bemerkung versehn. (Siehe Tabelle S. 80—83.)

Zur Ergänzung lassen wir eine Zusammenstellung von Preisen aus der Senatsarbeit folgen. Sie giebt uns ein Bild über den Wert weiterer Nahrungsmittel; auf die Kenntnis der Preise der Nahrungsmittel müssen wir Wert legen, weil die Ausgaben dafür mehr als die Hälfte aller Ausgaben der Roheisenarbeiter ausmachen. Am Ende stehn die Preise für schwere Stiefel und Schuhe. Gern hätten wir die Preise der Bekleidung näher charakterisiert; die Aufzählung einer grofsen Reihe Waaren wäre aber dazu nötig gewesen, und nur erste Qualitäten hätten beschrieben werden können. Wir haben aus den für uns wichtigen Staaten je zwei Hauptplätze und aus beiden je eine Preisangabe für Juni, September und December 1889 ausgewählt. Aufser Fleisch sind keine Gegenstände aufgenommen, welche schon in den vorigen Tabellen gegeben waren. Da das Urmaterial beider Gruppen völlig ungleichartig ist, können wir keine Vergleiche ziehn. Die Preise des Rindfleischs sind beschrieben, weil es eins der wichtigsten Nahrungsmittel ist, und die Angaben der Roheisenarbeiter darüber grofse Lücken zeigen[1]. (Siehe Tabelle S. 84 u. 85.)

Die Preise mancher Produkte, wie Butter, Thee, Kaffee, Zucker, differieren in allen Staaten relativ wenig; die Durchschnittspreise für Butter sind Dollar 0,25. 0,22. 0,24. 0,21. 0,23. 0,26. 0,17. 0,22. Grofse Unterschiede zeigen die Werte

---

[1] Retail prices and wages. Part 1. S. 310 ff., 92 ff., 300 ff., 356 ff., 136 ff., 144 ff., 30 ff., 382 ff., 570 ff., 394 ff. Part. 2. S. 685 ff.

der Kohlen und der Wohnung. Die Durchschnittspreise für Kohle sind Dollar 2,60. 4,32. 2,54. 6,03. 5,40. 4,00. 5,00; die für 2 Zimmer Dollar 31,50. 68,00. 54,97. 60,00. 40,97. 42,00. 35,78. — Noch einmal hervorzuheben ist, dafs diese Tabellen nur allgemein orientieren. Die methodischen Mängel des Urmaterials erlauben keine genaue Angabe, wie sich die Werte der verschiednen Produkte den Roheisenarbeitern gegenüber stellen.

Die Beschreibung einer grofsen Menge Budgets, wie die der pennsylvanischen Roheisenarbeiter, bietet Schwierigkeiten. Soll das Bild annähernd richtig sein, so dürfen wir nicht einzelne Posten herausgreifen, sondern müssen — anfangs wenigstens — die Budgets als organische Ganze behandeln. Besonders die Nahrungsmittel ergänzen vielfach einander; Fleisch kann z. B. teilweis durch Brot, Eier, Geflügel ersetzt werden, Brot teilweis durch Gemüse, Kartoffeln. Die einen halten viel auf gute Wohnung; die andern auf gute Kleidung; die dritten auf gute Nahrung; die vierten lieben des Ansehns wegen, hohe Beiträge an die Kirche und andre Vereine zu zahlen. Die gesonderte Betrachtung einzelner Posten würde uns die Lebenshaltung der Gruppen einmal reichlich das andre Mal ärmlich erscheinen lassen, uns keinen einheitlichen Überblick gewähren. Nehmen wir nun von einer gröfsern Zahl Budgets den Gesamtdurchschnitt, so zeigt dieser wohl im allgemeinen, was z. B. unter 94 Tagelöhnerfamilien auf die einzelne fallen kann. Er wird aber den Thatsachen nicht gerecht, weil er für die einzelne Familie einen Verbrauch von Sachen angiebt, welche diese gar nicht oder in geringerem oder höherem Mafse konsumiert hat. Von 94 Familien geniefsen z. B. 46 Geflügel im Wert von Dollar 129,35; der Durchschnitt ergiebt

— 80 —

Güter	Pennsylvania			Ohio		
	Durchschnittspreis	höchster Preis	niedrigster Preis	Durchschnittspreis	höchster Preis	niedrigster Preis
1. Nahrungsmittel.						
Rindfleisch ℔ . . .	0,09	0,09	0,09[1]	—	—	—
Schweinefleisch ℔ .	0,13	0,17	0,10	—	—	—
Diverses Fleisch per ℔	0,10	0,11	0,09	0,12	0,15	0,09[5]
Eier per Dutzend . .	0,18	0,26	0,10	0,18	0,25	0,10
Speck per ℔	0,11	0,12	0,09	0,10	0,10	0,10
Butter per ℔ . . .	0,25	0,30	0,20	0,22	0,25	0,20
Thee per ℔	0,50	0,50	0,50	0,66	1,00	0,40
Kaffee per ℔ . . .	0,26	0,30	0,22	0,25	0,28	0,23
Zucker per ℔ . . .	0,09	0,10	0,08	0,08	0,10	0,07
Syrup per gall . . .	0,78	1,00	0,40[2]	0,57	1,00	0,36
Kartoffel per bushel .	0,60	0,80	0,40	0,47	0,57	0,33
2. Beleuchtung, Feurung.						
Kohlen per ton . . .	2,60	3,00	2,25	4,32	6,66	2,50
Petroleum per gall .	0,12	0,15	0,10	0,12	0,15	0,10
3. Wohnung.						
1 Zimmer	—	—	—	—	—	—
2 „	31,50	54,00	48,00	68,00	72,00	60,00
3 „	42,65	60,00	24,00	84,00	84,00	84,00
4 „	53,00	96,00	18,00	72,00	84,00	60,00
5 „	65,96	96,00	36,00	84,00	84,00	84,00
6 „	75,40	96,00	36,00	—	—	—
7 „	88,64	110,00	60,00	120,00	120,00	120,00
8 „	109,50	132,00	90,00	—	—	—
9 „	—	—	—	—	—	—
10 „	112,00	112,00	112,00	—	—	—

Alabama			Illinois			Bemerkungen.
Durchschnittspreis	höchster Preis	niedrigster Preis	Durchschnittspreis	höchster Preis	niedrigster Preis	
—	—	—	—	—	—	[1] nur eine Quantitätsangabe.
—	—	—	—	—	—	[2] nur eine Quantitätsangabe.
0,09	0,09	0,09[2]	—	—	—	[3] zwei Preisangaben mit:
0,18	0,22	0,13	0,15	0,15	0,15	ℳ 0,02 u. 0,04, abnorm niedrig.
0,10	0,13	0,08	0,08	0,08	0,08	
0,24	0,30	0,15	0,21	0,25	0,15	
0,64	0,80	0,50	0,41	0,50	0,35	
0,24	0,30	0,17	0,28	0,28	0,28	
0,09	0,10	0,08	—	—	—	
0,54	0,80	0,30	—	—	—	[3] eine Preisangabe: gall
0,73	1,00	0,50	0,50	0,50	0,50	0,08, abnorm niedrig.
2,54	4,00	1,20	6,03	7,50	5,00	
0,19	0,21	0,15	0,14	0,15	0,12	
36,00	48,00	30,00	—	—	—	
54,97	140,00	36,00	—	—	—	
73,66	186,00	36,00	64,00	84,00	48,00	
107,57	240,00	48,00	86,57	120,00	48,00	
119,57	204,00	96,00	92,00	120,00	84,00	
112,00	144,00	96,00	107,50	144,00	94,00	
—	—	—	—	—	—	
—	—	—	—	—	—	
—	—	—	—	—	—	
—	—	—	—	—	—	

Güter	New-York			Virginia und West-Virginia		
	Durch-schnitts-preis	höchster Preis	niedrig-ster Preis	Durch-schnitts-preis	höchster Preis	niedrig-ster Preis
1. Nahrungsmittel.						
Rindfleisch ℔ . . .	—	—	—	—	—	—
Schweinefleisch ℔ .	—	—	—	0,10	0,15	0,07
Diverses Fleisch per ℔	—	—	—	0,10	0,12	0,09
Eier per Dutzend . .	0,15	0,18	0,13	0,18	0,20	0,15
Speck per ℔	0,15	0,25	0,10	0,09	0,10	0,08
Butter per ℔ . . .	0,23	0,25	0,20	0,26	0,30	0,23
Thee per ℔	0,50	0,60	0,40	0,55	0,60	0,50
Kaffee per ℔ . . .	0,29	0,35	0,25	0,28	0,30	0,25
Zucker per ℔ . . .	0,08	0,09	0,07	0,09	0,10	0,08
Syrup per gall . . .	0,43	0,60	0,31	0,64	1,05	0,40
Kartoffel per bushel .	0,51	0,75	0,34	0,50	0,60	0,40[6]
2. Beleuchtung, Feurung.						
Kohlen per ton . . .	5,40	6,17	4,50	4,00	4,00	4,00
Petroleum per gall .	0,12	0,13	0,10	0,15	0,20	0,10
3. Wohnung.						
1 Zimmer	—	—	—	—	—	—
2 „	60,00	60,00	60,00	40,97	72,00	24,00
3 „	52,50	65,00	40,00	83,33	96,00	60,00
4 „	49,71	90,00	36,00	67,40	80,00	60,00
5 „	52,00	96,00	40,00	—	—	—
6 „	57,00	96,00	42,00	108,00	120,00	96,00
7 „	64,00	84,00	48,00	—	—	—
8 „	72,00	84,00	48,00	—	—	—
9 „	150,00	150,00	150,00	—	—	—
10 „	—	—	—	—	—	—

Tennessee			Georgia			Bemerkungen.
Durch-schnitts-preis	höchster Preis	niedrig-ster Preis	Durch-schnitts-preis	höchster Preis	niedrig-ster Preis	
—	—	—	—	—	—	
—	—	—	—	—	—	
—	—	—	—	—	—	
0,16	0,20	0,13	0,19	0,22	0,15	
0,12	0,13	0,10	0,10	0,10	0,10	
0,17	0,21	0,10	0,22	0,25	0,20	
0,68	0,75	0,60	0,63	0,75	0,50	
0,30	0,35	0,25	0,31	0,38	0,25	
0,10	0,10	0,09	0,09	0,10	0,08	
0,75	1,00	0,50	0,50	0,50	0,50	
0,75	1,00	0,60	0,58	0,67	0,47	[6] eine Preisangabe: bushel 0,06, abnorm niedrig.
—	—	—	5,00	5,00	5,00[4]	[4] nur eine Quantitäts-angabe.
0,18	0,20	0,15	0,20	0,20	0,20	
—	—	—	15,00	18,00	12,00	
42,00	60,00	15,00	35,78	48,00	12,00	
57,90	120,00	12,00	52,00	60,00	44,00	
100,50	150,00	60,00	48,00	48,00	48,00	
102,00	120,00	84,00	43,50	48,00	38,00	
—	—	—	—	—	—	
—	—	—	—	—	—	
—	—	—	—	—	—	
72,00	72,00	72,00	—	—	—	
—	—	—	—	—	—	

Staat und Stadt	Geflügel, ausgenommen, per ℔			Stockfisch, eingesalzen, per ℔			Rindfleisch, Roastbeef, per ℔			Milch, per quart			Roggenmehl, per ℔		
	Juni	Sept.	Dec.	Juni	Sept.	Dec.	Juni	Sept.	Dec.	Juni	Sept.	Dec.	Juni	Sept.	Dec.
Pennsylvania.															
Philadelphia	0,20	0,20	0,18	0,10	0,10	0,10	0,17	0,17	0,17	0,06	0,08	0,08	—	0,05	0,05
Pittsburgh	—	—	0,17	0,08	0,08	0,08	0,12½	0,12½	0,12½	0,06	0,06	0,07	0,03	0,03	0,03
Ohio.															
Cincinnati	—	—	—	0,10	0,10	0,10	0,12½	0,12½	0,12½	0,07½	0,07½	0,07½	0,02½	0,02½	0,02½
Cleveland	—	—	0,20	0,11	0,11	0,11	0,16	0,16	0,16	—	—	—	0,03	0,03	0,03
Alabama.															
Birmingham	—	—	0,12½	0,10	0,10	0,10	0,10	0,10	0,12½	0,08⅓	0,08⅓	0,08⅓	0,05	0,05	0,05
Montgomery	—	—	0,12½	0,10	0,10	0,10	0,10	0,10	0,10	0,08⅓	0,08⅓	0,08⅓	0,04	0,04	0,04
Illinois.															
Cairo	—	—	—	0,12½	0,12½	0,12½	0,08	0,08	0,08	—	—	—	0,03	0,03	0,03
Chicago	—	—	0,12½	0,10	0,10	0,10	0,16	0,16	0,16	—	0,05	0,05	0,03	0,03	0,03
New-York.															
New-York	0,12	0,13	0,14	0,08	0,08	0,10	0,18	0,18	0,16	0,07	0,07	0,07	0,04	0,04	0,04
Syracuse	0,14	0,16	0,12	0,07	0,07	0,07	0,10	0,10	0,10	0,05	0,05	0,05	0,03½	0,03½	0,03½
Virginia.															
Norfolk	—	—	—	0,10	0,10	0,10	0,15	0,12½	0,12½	—	—	—	—	—	—
Abingdon	—	—	0,09	—	—	—	—	—	—	—	—	—	—	—	—
Tennessee.															
Chattanooga	—	—	0,15	0,10	0,10	0,10	0,10	0,08	0,08	—	—	—	0,02½	0,02½	0,02½
Memphis	—	—	0,10	0,10	0,10	0,10	0,12½	0,12½	0,12½	0,10	0,10	0,10	0,03	0,03	0,03
Georgia.															
Atlanta	—	—	0,12½	0,12½	0,12½	0,12½	0,10	0,08	0,10	0,10	0,10	0,10	0,03	0,03	0,03
Savannah	0,20	0,20	0,20	0,07½	0,07½	0,07½	0,12½	0,12½	0,12½	0,08	0,08	0,08	0,03	0,03	0,03

Staat und Stadt	Weizenmehl, per barrel			Weifses Brot, per ℔			Reis, per ℔			Kohl, frischer, per Kopf			Salz, per ℔			Stiefel und Schuhe, schwere, per Paar		
	Juni	Sept.	Dec.	Juni	Sept.	Dec.	Juni	Sept.	Dec.	Juni	Sept.	Dec.	Juni	Sept.	Dec.	Juni	Sept.	Dec.
Pennsylvania.																		
Philadelphia .	7,50	7,50	7,50	0,07	0,07	0,07	0,10	0,10	0,10	0,05	0,05	0,08	0,01	0,01	0,01	1,50	1,50	1,50
Pittsburgh . .	6,50	6,50	6,50	0,05	0,05	0,05	0,07	0,07	0,07	0,07	0,07	0,08	0,01¼	0,01¼	0,01¼	1,25	1,25	1,25
Ohio.																		
Cincinnati . .	7,50	7,50	7,00	0,05	0,05	0,05	0,10	0,10	0,10	—	—	—	0,01	0,01	0,01	—	—	1,50
Cleveland . .	6,00	6,25	6,50	0,08	0,08	0,08	0,08	0,08	0,08	—	0,06	0,10	0,01	0,01	0,01	—	—	1,25
Alabama.																		
Birmingham .	6,00	6,00	6,00	0,06⅔	0,06⅔	0,06⅔	0,08⅓	0,08⅓	0,08⅓	0,10	0,10	0,10	0,01	0,01	0,01	1,25	1,25	1,25
Montgomery .	5,75	5,75	5,75	0,05	0,05	0,05	0,08	0,08	0,08	0,10	0,05	0,10	0,01	0,01	0,01	—	—	1,50
Illinois.																		
Cairo	5,50	5,50	5,50	0,05	0,05	0,05	0,10	0,10	0,10	0,05	0,10	0,10	0,01⅔	0,01⅔	0,01⅔	—	—	1,50
Chicago	6,00	6,40	6,00	0,06	0,06	0,06	0,09	0,08	0,08	0,10	0,05	0,06	0,01	0,01	0,01	1,25	1,25	1,25
New-York.																		
New-York . .	7,60	7,60	7,60	0,05	0,05	0,05	0,08	0,08	0,08	—	—	—	0,01½	0,01½	0,01½	—	—	1,25
Syracuse . . .	7,00	7,00	7,00	0,05¾	0,05¾	0,05¾	0,08	0,08	0,08	0,10	0,08	0,08	0,00¾	0,00¾	0,00¾	1,25	1,25	1,25
Virginia.																		
Norfolk	6,00	6,00	6,00	—	—	—	0,08⅓	0,08⅓	0,08⅓	0,04	0,07	—	0,01	0,01	0,01	1,25	1,25	1,25
Abingdon . .	6,40	6,40	6,40	—	—	—	0,10	0,10	0,10	—	—	—	0,02	0,02	0,02	1,25	1,25	1,25
Tennessee.																		
Chattanooga .	6,00	6,25	6,50	0,05	0,05	0,05	0,08	0,08	0,08	—	0,05	0,05	0,01	0,01	0,01	—	—	1,25
Memphis . . .	6,00	6,50	6,25	0,07½	0,07½	0,07½	0,08	0,08	0,08	—	0,05	0,10	0,01½	0,01½	0,01½	—	—	1,50
Georgia.																		
Atlanta	7,00	6,60	6,60	0,08	0,08	0,08	0,08⅓	0,08⅓	0,08⅓	0,10	0,10	0,10	0,02	0,02	0,02	—	—	1,25
Savannah . .	6,25	6,25	6,00	0,07	0,07	0,07	0,06	0,06	0,06	0,10	0,10	—	0,02	0,02	0,02	—	—	—

für jede der 94 Familien einen Verbrauch an Geflügel von Dollar 1,38. Diesem unvermeidlichen Fehler aller Generalisation haben wir dadurch zu begegnen versucht, dafs wir nur die Budgets von Arbeitern mit ähnlicher Funktion und somit ähnlicher materieller Lage zusammenfassen und dass wir in den Tabellen bei jedem Posten die Zahl der verbrauchenden Familien nennen. Aufserdem dienen die obigen Budgets einzelner Familien zur Korrektur. – Die geringen Ausgaben für Fleisch, Milch und Gartenerzeugnisse sind zum Teil auf den Besitz von Vieh und Garten seitens der Arbeiter zurückzuführen. Über jeder Tabelle merken wir die Zahl derer an, welche Vieh oder Garten haben. – Im allgemeinen berechnen wir nur die Gesamtausgabe für jedes Gut, nicht seine Gesamtquantität; das Letztere ist wegen der mangelhaften Angaben nicht genau durchzuführen. Damit der Leser sich über die Quantität etwas orientiert, führen wir bei den Tagelöhnern und Schmelzern (der niedrigst und der höchst bezahlten Gruppe) die Menge der Güter an, welche auf Grund der Durchschnittspreise in Pennsylvanien für die betreffende Geldsumme an erhalten gewesen wäre. – Die durchschnittliche Zahl und der Charakter der Elemente des Haushalts sind über der Tabelle angegeben. Den Verbrauch der Kostgänger resp. Schläfer kann man dadurch annähernd bestimmen. – Die Tabellen sind so geordnet, dafs die Arbeitergruppe mit den geringsten Durchschnittslöhnen (von Männern, Frauen und Kindern zusammen) am Anfang, die mit den höchsten am Ende steht.

Der Konsum einer pennsylvanischen Tagelöhnerfamilie übertrifft bei weitem den einer deutschen. Hier gehn solche Quantitäten an Fleisch, Speck, Butter, Zucker, Kaffee in keinem derartigen Haushalt ein; hier entfallen nicht soviel eigne Häuser und soviel Mietsräume auf eine gleiche Zahl

Tagelöhner. Der Konsum der bestbezahlten Gruppen geht bedeutend über den aller Roheisenarbeiter in Deutschland heraus. Auffällig sind vor allem die hohen Ausgaben für Zwecke der Religion, der Wohlthätigkeit, der allgemeinen Bildung und die niedrigen für Versicherung des Eigentums und Lebens. Der Kohlenverbrauch ist infolge des harten Winters der Union relativ grofs; indes scheint der Durchschnittspreis für pennsylvanische Kohlen, welcher in der ersten und letzten Tabelle der Berechnung der Quantität zu Grunde gelegt ist, etwas niedrig und deshalb die Quantität zu grofs zu sein. (Siehe Tabellen S. 88—95.)

Zu betonen ist noch einmal, dafs die Quantitäten in Abteilung 1 und 8 nur berechnet sind, um ein allgemeines Bild zu geben. Die Anteile, welche auf eine Familie von 5,43 resp. 5 Köpfen fallen, können wir als ausreichend zur Erhaltung ihrer Funktionen ansehn. Selbst für schwere Arbeit bietet das Quantum Fleisch einen völligen Ersatz.

Um einer übermäfsigen Generalisation obiger Beschreibung der pennsylvanischen Arbeiter vorzubeugen, stellen wir an den Schlufs 7 summarische Tabellen über einige Ausgabeposten der Roheisenarbeiter aller hier wichtigen Staaten der Union. Sie sind bis auf die zweite und vierte vom Arbeitsamt aus dem Urmaterial abstrahiert[1]; die zweite und vierte haben wir der nähern Erläuterung wegen zugesetzt. Die erste behandelt die durchschnittlichen Ausgaben per Familie für Fleisch (Fisch und Geflügel eingerechnet) im einzelnen; die zweite die durchschnittlichen, höchsten und niedrigsten Ausgaben für alles Fleisch (die kleinen Ausgaben für Fisch und Geflügel ausgeschlossen)

---

[1] Sixth annual report S. 1170 ff. 1273 ff.

Ausgaben für	1. Tagelöhner 94 Familien mit 510 Personen (94 Männer, 94 Frauen, 287 Kinder, 35 Kostgänger, resp. Schläfer) = 5,43 Köpfe per Familie. 44 Familien haben Gärten, 45 Kühe oder Schweine oder Pferd, 34 Geflügel				2. Erz- und Kokslader, am, resp. auf dem Ofen 67 Familien mit 357 Personen (67 Männer, 63 Frauen, 192 Kinder, 35 Kostgänger, resp. Schläfer) = 5,33 Köpfe per Familie. 27 Familien haben Gärten, 26 Kühe oder Schweine oder Pferd, 23 Geflügel		
	Zahl der Familien, die verbrauchen	Gesamtverbrauch	Jede der 94 Familien verbraucht durchschnittlich	Die Quantität nach den Durchschnittspreisen berechnet	Zahl der Familien, die verbrauchen	Gesamtverbrauch	Jede der 67 Familien verbraucht durchschnittlich
1. Nahrung.							
Rindfleisch	1	40,00	0,43	4,78 ℔	—	—	—
Schweinefleisch	71	1 842,30	19,59	150,69 ℔	60	1 512,36	22,57
Diverses Fleisch	93	4 279,20	45,52	455,20 ℔	67	2 970,68	44,34
Eier	72	526,58	5,60	31,11 Dtzd.	59	498,50	7,44
Speck	77	473,19	5,03	45,73 ℔	57	348,17	5,20
Butter	85	2 167,69	23,06	92,24 ℔	63	1 828,15	27,29
Thee	90	1 005,65	10,70	21,40 ℔	65	739,10	11,03
Kaffee	80	862,63	9,18	35,31 ℔	55	474,40	7,08
Zucker	93	1 980,27	21,07	234,11 ℔	67	1 335,65	19,94
Syrup	55	184,15	1,96	2,51 Galls.	46	127,85	1,91
Kartoffel	69	591,47	6,29	10,48 bushels	47	376,55	5,62
Geflügel	46	129,35	1,38	—	44	143,10	2,14
Fisch	72	323,72	3,44	—	58	264,90	3,95
Milch	76	923,65	9,83	—	57	725,60	10,83
Mehl und Kleie	94	3 622,26	38,53	—	66	2 535,35	37,84
Brot	62	225,02	2,39	—	48	335,61	5,01
Reis	66	144,55	1,54	—	52	117,00	1,75
Käse	77	240,45	2,56	—	51	125,05	1,87
Früchte	90	1 002,18	10,66	—	67	867,25	12,94
Essig	75	320,70	3,41	—	62	237,05	3,54
Gemüse	79	426,64	4,54	—	56	323,73	4,83
Diverse Nahrung	94	1 826,85	19,44	—	67	1 029,60	15,37
Summe	—	—	246,17	—	—	—	252,49
2. Wohnung.							
Eignes Haus	22	—	—	—	23	—	—
—	—	—	—	—	—	—	—
Mietspreis	72[1]	4 457,60	61,91	4,66 W.R.	44	2 451,20	55,71

3. Wärter der Winderhitzer 8 Familien mit 52 Personen (8 Männer, 8 Frauen, 26 Kinder, 10 Kostgänger, resp. Schläfer) = 6½ Köpfe per Familie. 2 Familien haben Gärten, 4 Kühe oder Schweine, 5 Geflügel			4. Eisenfahrer 29 Familien mit 137 Personen (29 Männer, 29 Frauen, 67 Kinder, 12 Kostgänger, resp. Schläfer) = 4,72 Köpfe per Familie. 15 Familien haben Gärten, 13 Kühe oder Schweine, 16 Geflügel			Bemerkungen
Zahl der Familien, die verbrauchen	Gesamtverbrauch	Jede der 8 Familien verbraucht durchschnittlich	Zahl der Familien, die verbrauchen	Gesamtverbrauch	Jede der 29 Familien verbraucht durchschnittlich	
—	—	—	—	—	—	
8	248,00	31,00	22	573,80	19,79	
8	332,00	41,50	29	1 279,80	44,13	
8	81,40	10,18	23	155,90	5,38	
8	81,20	10,15	22	168,42	5,81	
6	158,00	19,75	26	805,50	27,78	
8	145,60	18,20	23	171,60	5,92	
7	55,50	6,94	22	241,80	8,34	
8	212,00	26,50	29	560,76	19,34	
5	19,60	2,45	15	51,85	1,79	
8	84,60	10,58	21	183,10	6,31	
6	27,75	3,47	13	37,25	1,28	
7	38,80	4,85	20	59,30	2,05	
6	64,70	8,09	22	308,28	10,63	
8	352,80	44,10	29	957,83	33,03	
7	45,00	5,63	19	79,00	2,72	
8	51,00	6,38	19	40,10	1,38	
6	17,50	2,19	21	48,35	1,67	
8	154,25	19,28	25	383,50	13,22	
8	55,10	6,89	24	117,85	40,64	
8	48,25	6,03	22	147,86	5,10	
8	93,87	11,73	29	591,40	20,39	
	—	295,89	—	—	276,70	
5	—	—	8	—	—	[1] Die Wohnräume per Familie sind berechnet nach der Gesamtzahl der angegebenen Räume. Keine Wohnräume haben angegeben und bei der Berechnung sind nicht berücksichtigt in der 1. Abteilung 1.
—	—	—	—	—	—	
3	144,00	48,00	21	1 105,50	52,64	

— 90 —

Fortsetzung.

Ausgaben für	1. Tagelöhner.				2. Erz- u. Kokslader am resp. auf dem Ofen.		
	Zahl der Familien, die verbrauchen	Gesamtverbrauch	Jede der 94 Familien verbraucht durchschnittlich	Die Quantität nach den Durchschnittspreisen berechnet	Zahl der Familien, die verbrauchen	Gesamtverbrauch	Jede der 67 Familien verbraucht durchschnittlich
3. Feurung und Licht.							
Kohlen	92[a]	2 659,70	28,29	10,88 tons	58	2 010,85	30,01
Holz	—	—	—	—	—	—	—
Gas	2	50,00	0,53	—	4	135,00	2,01
Petroleum	91	381,68	4,06	33,83 Galls.	67	233,89	3,49
4. Kleidung.							
Mann	94	2 614,60	27,81	—	67	2 086,25	31,14
Frau	94	1 748,00	18,60	—	63	1 432,95	21,39
Kinder	287	4 102,00	43,64	—	192	2 232,50	33,32
5. Kleinere Ausgaben.							
Hausgeräthe . . .	94	1 741,05	18,52	—	67	1 445,40	21,57
Steuern	75	357,18	3,80	—	57	325,42	4,86
Versicherung, Eigentum .	8	45,90	0,49	—	9	51,65	0,77
„ , Leben .	11	247,51	2,63	—	7	116,70	1,74
Vereine, Arbeiter .	12	88,00	0,94	—	10	96,70	1,44
„ , andre . .	27	304,60	3,24	—	14	229,00	3,42
Religion	74	613,00	6,52	—	51	458,95	6,85
Wohlthätigkeit . .	79	200,00	2,13	—	64	167,25	2,50
Bücher u. Zeitungen	78	413,05	4,39	—	57	289,30	4,32
Vergnügungen . .	35	241,90	2,57	—	28	220,10	3,29
Geistige Getränke	44	448,60	4,77	—	39	466,75	6,97
Tabak	83	808,01	8,60	—	60	534,88	7,98
Krankheit u. Tod .	91	1 829,30	19,46	—	62	1 154,00	17,22
Diverses	94	4 714,39	50,15	—	67	3 098,75	46,18
Summe (2—5)	—	—	312,05	—	—	—	306,18
Gesamtsumme (1—5)	—	—	558,22	—	—	—	558,67

Fortsetzung.

3. Wärter der Winderhitzer.			4. Eisenfahrer.			Bemerkungen.
Zahl der Familien, die verbrauchen	Gesamtverbrauch	Jede der 8 Familien verbraucht durchschnittlich	Zahl der Familien, die verbrauchen	Gesamtverbrauch	Jede der 29 Familien verbraucht durchschnittlich	
7	256,60	32,08	20	699,25	24,11	ª 20 davon ohne specificierte Angabe der Feurung.
—	—	—	—	—	—	
1	25,00	3,13	1	25,00	0,86	
8	27,25	3,41	22	96,36	3,32	
8	321,15	40,14	29	1 156,40	39,88	
8	266,10	33,26	28ª	719,35	24,81	ª eine Frau ohne Ausgabe für Kleider.
26	519,50	64,94	67	716,25	24,70	
8	436,50	54,56	29	916,75	31,61	
8	66,76	8,35	27	133,79	4,61	
2	17,50	2,19	3	16,05	0,55	
1	52,00	6,50	—	—	—	
2	5,00	0,63	4	44,80	1,55	
1	5,00	0,63	9	94,60	3,26	
6	77,50	9,69	22	146,20	5,04	
7	25,00	3,13	26	88,50	3,05	
8	68,70	8,59	25	138,35	4,77	
3	11,90	1,49	15	276,50	9,53	
5	94,00	11,75	22	394,50	13,60	
8	75,50	9,44	26	322,39	11,12	
7	90,00	11,25	28	566,00	19,52	
8	796,15	99,52	28	1 251,25	43,15	
—	—	452,68	—	—	321,68	
—	—	748,57	—	—	598,38	

	5. Ofenwärter. 13 Familien mit 68 Personen (13 Männer, 13 Frauen, 38 Kinder, 4 Kostgänger resp. Schläfer) = 5,23 Köpfe per Familie. 9 Familien haben Gärten, 4 Kühe oder Schweine oder Pferd, 6 Geflügel.			6. Maschinisten. 13 Familien mit 56 Personen (13 Männer, 13 Frauen, 24 Kinder, 6 Kostgänger resp. Schläfer) = 4,30 Köpfe per Familie. 7 Familien haben Gärten, 3 Kühe oder Schweine oder Pferd, 3 Geflügel.		
Ausgaben für	Zahl der Familien, die verbrauchen	Gesamt-verbrauch	Jede der 13 Familien verbraucht durchschnittlich	Zahl der Familien, die verbrauchen	Gesamt-verbrauch	Jede der 13 Familien verbraucht durchschnittlich
1. Nahrung.						
Rindfleisch	—	—	—	—	—	—
Schweinefleisch	10	301,60	23,20	11	208,80	16,06
Diverses Fleisch	13	712,50	54,81	12	693,55	53,35
Eier	10	115,80	8,75	11	105,50	8,12
Speck	10	96,68	7,44	12	75,56	5,81
Butter	13	455,20	35,02	12	384,30	29,56
Thee	11	83,95	6,43	11	49,20	3,78
Kaffee	10	125,22	9,63	13	132,86	10,22
Zucker	13	300,40	23,11	13	247,05	19,00
Syrup	7	26,70	2,05	7	29,70	2,28
Kartoffel	9	80,00	6,15	11	80,00	6,15
Geflügel	5	13,50	1,04	9	29,90	2,30
Fisch	7	17,50	1,35	7	30,00	2,31
Milch	10	131,50	10,12	11	233,00	17,92
Mehl u. Kleie	13	497,80	38,29	13	420,05	33,08
Brot	9	20,60	1,58	8	27,00	2,08
Reis	9	15,25	1,17	8	17,00	1,31
Käse	9	9,00	0,69	8	8,00	0,62
Früchte	11	148,45	11,42	10	123,00	9,46
Essig	10	50,25	3,87	10	42,15	3,24
Gemüse	11	68,50	5,27	9	64,00	4,92
Diverse Nahrung	13	195,60	15,05	13	188,90	14,53
Summe	—	—	266,44	—	—	246,10
2. Wohnung.						
Eignes Haus	4	—	—	4	—	—
Mietspreis	9[4]	618,00	68,67	9	716,00	79,56

— 93 —

7. Schmiede. 7 Familien mit 38 Personen (7 Männer, 7 Frauen, 21 Kinder, 3 Kostgänger resp. Schläfer) = 5,43 Köpfe per Familie. 3 Familien haben Gärten, 3 Kühe oder Schweine, 4 Geflügel.			8. Schmelzer, Giefser. 3 Familien mit 15 Personen (3 Männer, 3 Frauen, 8 Kinder, 1 Kostgänger resp. Schläfer) = 5 Köpfe per Familie. 1 Familie hat 1 Garten, — Kühe oder Schweine, — Pferd, — Geflügel.			Bemerkungen
Zahl der Familien, die verbrauchen	Gesamtverbrauch	Jede der 7 Familien verbraucht durchschnittlich	Zahl der Familien, die verbrauchen	Gesamtverbrauch	Jede der 3 Familien verbraucht durchschnittlich	Die Quantität nach den Durchschnittspreisen berechnet
—	—	—	—	—	—	—
4	67,50	9,64	1	28,00	9,33	71,77 ℳ
7	450,28	64,33	3	223,20	74,40	744,00 ℳ
7	60,35	8,62	3	28,24	9,41	52,28 Dtzd.
4	25,50	3,64	3	17,00	5,67	51,55 ℳ
6	176,60	25,23	3	85,00	28,33	1,13 ℳ
7	65,10	9,30	3	46,20	15,40	30,80 ℳ
6	84,25	12,04	3	37,00	12,33	47,42 ℳ
7	169,65	24,24	3	88,00	29,33	325,89 ℳ
4	11,45	1,64	2	6,00	2,00	2,06 Galls
5	44,10	6,30	3	40,00	13,33	22,22 bush.
4	9,85	1,41	1	8,00	2,67	—
4	30,16	4,31	2	29,04	9,68	—
5	43,30	6,19	3	49,40	16,47	—
7	289,55	41,36	3	134,72	44,91	—
3	4,92	0,70	2	4,20	1,40	—
5	21,30	3,04	1	3,00	1,00	—
5	11,10	1,59	3	9,00	3,00	—
7	104,87	14,98	3	40,00	13,33	—
6	23,05	3,29	1	4,20	1,40	—
7	60,75	8,68	3	27,40	9,13	—
7	162,95	23,28	3	160,00	53,33	—
—	—	273,81	—	—	355,85	—
3 4[*]	— 276,00	— 69,00	2 1	— 120,00	— 120,00	8 W. R.

[*] Die Wohnräume per Familie sind berechnet nach der Gesamtzahl der angegebenen Räume. Keine Wohnräume haben angegeben und bei der Berechnung sind nicht berücksichtigt in der 5. und 7. Abteilung je 1.

Fortsetzung.

Ausgaben für	5. Ofenwärter.			6. Maschinisten.		
	Zahl der Familien, die verbrauchen	Gesamt-verbrauch	Jede der 13 Familien verbraucht durch-schnittlich	Zahl der Familien, die verbrauchen	Gesamt-verbrauch	Jede der 13 Familien verbraucht durch-schnittlich
3. Feurung und Licht.						
Kohlen	10	382,75	29,44	6	319,09	24,55
Holz.	—	—	—	—	—	—
Gas	—	—	—	3	85,00	6,54
Petroleum	11	42,00	3,23	10	54,80	4,22
4. Kleidung.						
Mann	13	489,40	37,65	13	629,00	48,38
Frau	13	269,10	20,70	13	420,50	32,35
Kinder	38	628,75	48,37	24	615,00	47,31
5. Kleinere Ausgaben.						
Hausgeräthe	12	262,85	20,22	13	521,95	40,15
Steuern	13	66,01	5,08	13	73,12	5,62
Versicherung, Eigentum	—	—	—	4	15,00	1,15
Versicherung, Leben	3	56,00	4,31	—	—	—
Vereine, Arbeiter. .	3	16,40	1,26	1	12,00	0,92
- , andre . . .	4	32,10	2,47	7	143,30	11,02
Religion	12	105,00	8,08	11	134,20	10,32
Wohlthätigkeit . . .	11	38,00	2,92	10	46,50	3,58
Bücher u. Zeitungen	12	84,15	6,47	12	94,95	7,30
Vergnügungen . . .	5	55,50	4,27	9	79,00	6,08
Geistige Getränke .	7	105,00	8,08	6	119,00	9,15
Tabak	11	167,96	12,92	13	203,43	15,65
Krankheit u. Tod .	12	196,85	15,14	13	351,00	27,00
Diverses	13	770,55	59,27	13	920,75	70,83
Summe (2—5)	—	—	358,55	—	—	451,68
Gesamtsumme (1—5)	—	—	624,99	—	—	697,78

Fortsetzung.

7. Schmiede.			8. Schmelzer, Giefser.				Bemerkungen
Zahl der Familien, die verbrauchen	Gesamt-verbrauch	Jede der 7 Familien verbraucht durchschnittlich	Zahl der Familien, die verbrauchen	Gesamt-verbrauch	Jede der 3 Familien verbraucht durchschnittlich	Die Quantität nach den Durchschnittspreisen berechnet	
7[5]	233,00	33,29	3[6]	93,60	31,20	12,00 tons	[5] 2 davon ohne specificierte Angabe der Feurung.
—	—	—	—	—	—	—	[6] 2 davon ohne specificierte Angabe der Feurung.
—	—	—	—	—	—	—	
7	29,86	4,27	3	21,87	7,29	60,75 Galls	
7	242,25	34,61	3	170,00	56,67	—	
7	100,75	14,39	3	104,00	34,67	—	
21	530,05	75,72	8	155,00	51,67	—	
6	361,00	51,57	3	163,00	54,33	—	
6	67,58	9,65	2	55,50	18,50	—	
2	24,00	3,43	2	32,00	10,66	—	
2	61,05	8,72	2	78,00	26,00	—	
—	—	—	—	—	—	—	
2	22,40	3,20	3	65,20	21,73	—	
5	69,00	9,86	3	34,00	11,33	—	
7	35,50	5,07	2	15,00	5,00	—	
7	77,95	11,14	3	66,00	22,00	—	
4	17,25	2,46	2	15,00	5,00	—	
5	102,00	14,57	2	15,00	5,00	—	
6	84,54	12,08	2	40,50	13,50	—	
6	115,00	16,43	3	58,00	19,33	—	
7	516,70	73,81	3	87,00	29,00	—	
—	—	453,27	—	—	542,88	—	
—	—	727,08	—	—	898,73	—	

zusammen. In der dritten wird beschrieben, wie viel Familien in jedem Staat eigne Häuser haben oder zur Miete wohnen, und wie viel Miete die Familie durchschnittlich zahlt; die vierte führt genauer aus, wie viel Familien ein, zwei oder mehr Zimmer bewohnen, und welches die durchschnittlichen, höchsten und niedrigsten Preise für ein, zwei oder mehr Zimmer sind. Die fünfte beschreibt die durchschnittlichen Ausgaben für Feurung und Kleidung, die sechste die durchschnittlichen Ausgaben für Steuern und an Vereine, die siebente die durchschnittlichen Ausgaben für Religion, Wohlthätigkeit und allgemeine Bildung. Von den übrigen Tabellen unsrer Statistik sehn wir ab, um die Arbeit nicht übermäfsig mit Zahlen zu belasten.

Wir haben nicht von neuem auf das Ungenaue dieser Tabellen hinzuweisen. Sie geben einen grofsen Überblick über sämtliche Roheisenarbeiter der einzelnen Staaten, ohne unter ihnen Gruppen zu bilden, die sich ihrer Funktion nach in ähnlicher materieller Lage befinden. – Die durchschnittliche Kopfzahl der Familien in den Tabellen umfafst Eltern, Kinder und die Kostgänger resp. Schläfer, sie stellt die Gröfse des Haushalts dar. Die durchschnittliche Gröfse der engern Familie ist im ersten Kapitel angegeben. – Die dritte Tabelle enthält einige Fehler, die nicht erheblich sind, aber zu schnellerer Orientierung erwähnt werden müssen. Nach der vierten Tabelle, die von uns aus dem Urmaterial genommen ist, haben in Pennsylvanien 215 Angaben über die Zahl der Mietsräume gemacht, 6 nicht; in der dritten Tabelle des Reports sind statt dessen 211 resp. 10 genannt[1]. Ein ähnliches Versehn hat für New York stattgefunden. Bei Berechnung der durchschnittlichen Ausgaben ist nicht

---

[1] Sixth annual report S. 1170.

die Gesamtzahl der Familien zu Grunde gelegt, sondern die Zahl der Familien, welche den betr. Gegenstand gebrauchen resp. seinen Gebrauch angeben. Der durchschnittliche Verbrauch würde sich höher stellen, wenn nicht manche in der betr. Rubrik nichts genannt und die Summe mit unter „Diverse Ausgaben" gestellt hätten.

Das Bild, welches wir von der Lebenshaltung der pennsylvanischen Roheisenarbeiter erhalten, wird durch die folgende Darstellung nicht wesentlich modificiert. Im allgemeinen finden wir einen starken Konsum von Nahrungsmitteln, besonders von Fleisch, eine grofse Zahl Mietsräume per Familie und bedeutende Ausgaben für Religion, Wohlthätigkeit und allgemeine Bildung. - Der Süden hat einen geringeren Konsum als der Norden. Alabama, Georgia, Tennessee bleiben im Fleischverbrauch bedeutend hinter Pennsylvanien, Illinois, New York zurück. Nur in Alabama und Georgia finden sich Familien mit 1 Wohnraum; in Alabama, Georgia, Tennesse viele mit 2 Wohnräumen. Auch die Ausgaben für allgemeine Bildung sind im allgemeinen geringer im Süden, als im Norden; besonders in Georgia.

1.

Staat	Familien		Rindfleisch		Schweinefleisch		Diverses Fleisch		Geflügel		Fisch	
	Gesamtzahl	Durchschnittliche Größe	Familien	Durchschnittliche Ausgaben	Familien	Durchschnittliche Ausgaben	Familien	Durchschnittliche Ausgaben	Familien	Durchschnittliche Ausgaben	Familien	Durchschnittliche Ausgaben
Alabama	143	4,3	142	21,02	143	21,73	88	14,47	49	6,20	14	2,12
Georgia	25	5,6	22	8,14	25	18,70	21	24,62	19	5,74	1	2,00
Illinois	40	4,3	—	—	—	—	16	104,53	—	—	—	—
New-York	56	5,5	56	49,41	27	14,79	52	26,77	1	7,00	34	3,73
Ohio	98	5,2	—	—	12	43,92	96	88,98	4	9,75	16	5,32
Pennsylvania	313	5,3	3	51,83	231	25,36	310	49,12	156	3,15	227	4,90
Tennessee	51	4,6	20	13,90	21	19,90	15	16,00	15	8,40	3	2,47
Virginia	27	5,9	—	—	25	38,15	28	16,85	23	4,04	22	2,66
West-Virginia	9	5,3	—	—	—	—	9	74,56	—	—	5	4,39
Summe	762	5,0	243	24,81	484	23,98	635	47,26	267	4,38	322	4,48

2.

Staat	Gesamtzahl	Familien, die Verbrauch angeben	Fleisch Durchschnittliche Ausgaben	Höchste Ausgaben	Niedrigste Ausgaben
Alabama....	143	143	57,10	101,75	25,50
Georgia....	25	25	46,54	70,00	28,00
Illinois....	40	16	104,53	220,00	60,00
New-York...	56	56	75,40	328,00	27,00
Ohio.....	98	98	91,96	180,00	27,00
Pennsylvania..	313	313	67,52	258,00	12,00
Tennessee..	51	21	44,57	71,00	10.00
Virginia....	27	27	46,92	96,00	6,50
West-Virginia..	9	9	74,55	102,00	57.00

3.

Staat	Familien Gesamtzahl	Durchschnittliche Größe	Eigne Häuser	Miete Mietsräume geben an Familien	Raum per Familie	Mietsräume geben nicht an	Durchschnittliche Miete per Familie
Alabama...	143	4,3	7	135	2,7	1	68,26
Georgia...	25	5,6	—	25	3,1	—	40,56
Illinois....	40	4,3	9	31	4,4	—	87,94
New-York...	56	5,5	5	50	4,9	1	56,30
Ohio.....	98	5,2	62	10	3,6	26	70,33
Pennsylvania.	313	5,3	92	211	4,7	10	63,85
Tennessee..	51	4,6	2	48	3,0	1	61,50
Virginia...	27	5,9	10	16	3,3	1	71,78
West-Virginia.	9	5,3	2	7	3,1	—	68,86
Summe	762	5,0	189	533	3,9	40	65,02

4.

Staat	1 Zimmer bewohnen	Durchschnittlicher Preis	Höchster Preis	Niedrigster Preis	2 Zimmer bewohnen	Durchschnittlicher Preis	Höchster Preis	Niedrigster Preis	3 Zimmer bewohnen	Durchschnittlicher Preis	Höchster Preis	Niedrigster Preis	4 Zimmer bewohnen	Durchschnittlicher Preis	Höchster Preis	Niedrigster Preis	5 Zimmer bewohnen	Durchschnittlicher Preis	Höchster Preis	Niedrigster Preis
Alabama[1]	5	36,00	48,00	30,00	65	54,97	140,00	36,00	48	73,66	186,00	36,00	7	107,57	240,00	48,00	7	119,57	204,00	96,00
Georgia	2	15,00	18,00	12,00	9	35,78	48,00	12,00	2	52,00	60,00	44,00	8	48,00	48,00	48,00	4	43,50	48,00	38,00
Illinois	0	—	—	—	0	—	—	—	4	64,00	84,00	48,00	14	86,57	120,00	48,00	9	92,00	120,00	84,00
New-York[2,3]	0	—	—	—	1	60,00	60,00	60,00	2	52,50	65,00	40,00	21	49,71	90,00	36,00	10	52,00	96,00	40,00
Ohio[4]	0	—	—	—	3	68,00	72,00	60,00	2	84,00	84,00	84,00	3	72,00	84,00	60,00	1	84,00	84,00	84,00
Pennsylvania[5,6]	0	—	—	—	3	31,50	54,00	48,00	28	42,65	60,00	24,00	67	53,00	96,00	18,00	71	65,96	96,00	36,00
Tennessee[7]	0	—	—	—	17	42,00	60,00	15,00	20	57,90	120,00	12,00	8	100,50	150,00	60,00	2	102,00	120,00	84,00
Virginia[8]	0	—	—	—	4	40,20	72,00	24,00	7	81,43	96,00	60,00	3	63,20	64,80	60,00	0	—	—	—
West-Virginia	0	—	—	—	3	42,00	42,00	42,00	2	90,00	96,00	84,00	1	80,00	80,00	80,00	0	—	—	—

[1] 1 freie Wohnung.   [2] 1 freie Wohnung.   [3] 1 ohne Angabe der Zimmerzahl.   [4] 26 ohne Angabe der Zimmerzahl.
[5] 1 freie Wohnung.   [6] 5 ohne Angabe der Zimmerzahl.   [7] 1 freie Wohnung.   [8] 1 ohne Angabe der Zimmerzahl.

Staat	6 Zimmer bewohnen	Durchschnittlicher Preis	Höchster Preis	Niedrigster Preis	7 Zimmer bewohnen	Durchschnittlicher Preis	Höchster Preis	Niedrigster Preis	8 Zimmer bewohnen	Durchschnittlicher Preis	Höchster Preis	Niedrigster Preis	9 Zimmer bewohnen	Durchschnittlicher Preis	Höchster Preis	Niedrigster Preis	10 Zimmer bewohnen	Durchschnittlicher Preis	Höchster Preis	Niedrigster Preis
Alabama[1]	3	112,00	144,00	96,00	0	—	—	—	0	—	—	—	0	—	—	—	0	—	—	—
Georgia	0	—	—	—	0	—	—	—	0	—	—	—	0	—	—	—	0	—	—	—
Illinois	4	107,50	144,00	94,00	0	—	—	—	0	—	—	—	0	—	—	—	0	—	—	—
New-York[2,3]	8	57,00	96,00	42,00	3	64,00	84,00	48,00	3	72,00	84,00	48,00	1	150,00	150,00	150,00	0	—	—	—
Ohio[4]	0	—	—	—	1	120,00	120,00	120,00	0	—	—	—	0	—	—	—	0	—	—	—
Pennsylvania[5,6]	30	75,40	96,00	36,00	11	88,64	110,00	60,00	4	109,50	132,00	90,00	0	—	—	—	1	112,00	112,00	112,00
Tennessee[7]	0	—	—	—	0	—	—	—	0	—	—	—	1	72,00	72,00	72,00	0	—	—	—
Virginia[8]	2	114,00	120,00	108,00	0	—	—	—	0	—	—	—	0	—	—	—	0	—	—	—
West-Virginia	1	96,00	96,00	96,00	0	—	—	—	0	—	—	—	0	—	—	—	0	—	—	—

[1] 1 freie Wohnung. [2] 1 freie Wohnung. [3] 1 freie Wohnung. [4] 28 ohne Angabe der Zimmerzahl. [5] 1 freie Wohnung. [6] 5 ohne Angabe der Zimmerzahl. [7] 1 freie Wohnung. [8] 1 ohne Angabe der Zimmerzahl.

5.

Staat	Familien		Feurung		Kleidung					
					Mann		Frau		Kinder	
	Gesamtzahl	Durchschnittliche Größe	Familien	Durchschnittliche Ausgaben	Familien	Durchschnittliche Ausgaben	Familien	Durchschnittliche Ausgaben	Familien	Durchschnittliche Ausgaben
Alabama	143	4,3	138	16,79	143	43,48	141	28,11	95	51,40
Georgia	25	5,6	25	8,72	25	32,48	25	17,80	20	72,30
Illinois	40	4,3	40	41,90	40	53,55	38	45,18	31	48,41
New-York	56	5,5	56	35,85	56	43,70	55	17,69	49	50,61
Ohio	98	5,2	98	31,33	97	35,45	95	22,76	87	61,04
Pennsylvania	313	5,3	312	29,94	313	32,71	308	22,42	277	46,28
Tennessee	51	4,6	50	19,08	51	36,41	50	32,50	39	41,67
Virginia	27	5,9	27	29,51	27	33,63	27	20,29	24	32,00
West-Virginia	9	5,3	9	25,15	9	36,33	9	37,44	9	58,78
Summe	762	5,0	755	27,26	761	37,90	748	24,97	631	49,70

— 103 —

6.

Staat	Familien		Steuern		Vereine			
					Gewerkvereine		Andre	
	Gesamtzahl	Durchschnittliche Größe	Familien	Durchschnittliche Ausgaben	Familien	Durchschnittliche Ausgaben	Familien	Durchschnittliche Ausgaben
Alabama . .	143	4,3	126	4,33	10	5,68	24	6,73
Georgia . . .	25	5,6	25	1,46	2	2,80	3	4,33
Illinois . . .	40	4,3	12	6,28	7	5,21	1	6,00
New-York . .	56	5,5	33	3,55	—	—	10	6,10
Ohio	98	5,2	64	12,28	17	7,41	13	5,42
Pennsylvania.	313	5,3	261	5,69	44	8,11	98	12,93
Tennessee . .	51	4,6	42	2,74	—	—	20	7,20
Virginia . .	27	5,9	20	3,39	—	—	2	7,75
West-Virginia	9	5,3	9	8,82	1	6,00	2	11,50
Summe	762	5,0	592	5,59	81	7,26	173	10,18

7.

Staat	Familien		Religion		Wohlthätigkeit		Bücher und Zeitungen	
	Gesamtzahl	Durchschnittliche Größe	Familien	Durchschnittliche Ausgaben	Familien	Durchschnittliche Ausgaben	Familien	Durchschnittliche Ausgaben
Alabama . .	143	4,3	110	4,36	116	1,97	86	3,53
Georgia . . .	25	5,6	20	3,45	22	2,09	14	1,93
Illinois . . .	40	4,3	28	10,14	26	4,81	33	8,37
New-York . .	56	5,5	39	11,29	9	3,00	40	4,54
Ohio	98	5,2	65	10,13	50	2,40	91	6,36
Pennsylvania.	313	5,3	243	8,93	269	3,02	274	6,26
Tennessee . .	51	4,6	40	5,18	43	3,24	39	6,25
Virginia . .	27	5,9	21	4,29	17	1,09	18	3,71
West-Virginia	9	5,3	4	5,50	5	4,60	9	5,64
Summe	762	5,0	570	7,76	557	2,76	604	5,70

4. Hausökonomie.

Die Güter sollen die sämtlichen Kraftausgaben decken, welche das Individuum oder eine sociale Gruppe im Beruf, an die Familie etc. zu leisten hat. Wesentlich ist hierbei nicht nur, daſs ein genügendes Güterquantum im allgemeinen vorhanden ist, sondern auch, daſs dieses Quantum die für die speciellen Funktionen notwendigen Güter enthält, und daſs die Güter in richtiger Weise zum Verbrauch gelangen. Überflüssige Güter und nützliche Güter in verschwenderischer Weise zu gebrauchen, ist unökonomisch und führt zur Verschlechterung der materiellen Lage. Zwei Familien mit gleichen Funktionen, gleichen Löhnen und gleichen Einkaufspreisen können in sehr verschiedner materieller Lage sein, je nachdem ihre Hausökonomie — der Verbrauch der Güter vollzieht sich im wesentlichen im Hause — eine richtige oder falsche ist. Zur Abschätzung der weiteren Bilanz oder allgemeinen materiellen Lage ist deshalb die Frage nach der Hausökonomie eine wichtige.

Die Statistik giebt uns für die Beantwortung nur wenig Anhalt. Sie kann uns sagen, ob viel Ausgaben für überflüssige Güter gemacht werden, ob eine Familie mit Schulden oder Überschuſs arbeitet; aber wenig, ob die Hausfrau sparsam wirtschaftet, die Speisen billig und schmackhaft bereitet, gut näht, flickt, wäscht, ob Mann und Kinder sorgsam mit der Kleidung umgehn u. s. w. Hier müssen wir allgemeine Beobachtungen zur Klärung des Sachverhalts herbeiziehn. Da solche von Sachverständigen betreffs der Roheisenarbeiter bis jetzt nicht ausgeführt sind — wir haben trotz mehrfacher Anfragen keine aufgefunden —, können wir die Übereinstimmung unsrer Ausführungen mit den Thatsachen nicht verbürgen; wir halten sie indes für wahrscheinlich. - Hier ist nur zu beschreiben, nicht zu erklären oder gar zu tadeln resp. zu loben; dies gehört in den erklärenden und angewandten Teil der Arbeit. Wir dürfen nicht — dies wird später erklärt — den deutschen Mafsstab bei Beschreibung der amerikanischen Hausökonomie anlegen. Der Güterreichtum und die höhere autoritative Stellung der Arbeiter und Arbeiterfrauen in der Union bedingen notwendig einen etwas gröfsern Konsum von Nahrung, Kleidung, Wohnung. - Die Tabellen sind vom Arbeitsamt aus dem Urmaterial nach denselben Principien, wie die vorigen, berechnet.

Die Hausökonomie der Roheisenarbeiter ist wenig entwickelt. Wenn die deutschen Roheisenarbeiter so wirtschafteten, würden nur wenige Familien dem Deficit entgehn. Den Beweis hierfür finden wir in folgenden Punkten.

Die amerikanische Arbeiterfrau ist im allgemeinen nicht wirtschaftlich. Sind auch die viel besprochenen Fälle selten, wo der Mann Kaffee und Essen kochen mufs, so hat doch die Arbeiterfrau kein grofses Intresse am Kochen, Nähen, Ausbessern und an den kleinern wirtschaftlichen Pflichten. Die Aufgaben des Hauses sind ihr zu gering und eng; sie strebt in das öffentliche Leben hinaus und legt dementsprechend hohen Wert auf die gehörige Kleidung. — Dieser Gesamteindruck, den der Verfasser aus Schriften und Unterhaltungen gewonnen, findet seine Bestätigung zunächst in den Ausgaben der Frauen der Roheisenarbeiter für Kleider; kein andrer Punkt bietet einen bessern Mafsstab für den weiblichen Charakter. Stellen sich auch die Preise der Kleidung in der Union etwas höher, als in Deutschland, so sind doch die durchschnittlichen Ausgaben für Frauenkleidung in der Tabelle hohe[1]. —

Staat	Gesamtzahl der Familien	Frauenkleidung.	
		Familien	Durchschnittliche Ausgaben
Alabama	143	141	28,11
Georgia	25	25	17,80
Illinois	40	38	45,18
New-York	56	55	17,69
Ohio	98	95	22,76
Pennsylvania	313	308	22,42
Tennessee	51	50	32,50
Virginia	27	27	20,29
West-Virginia	9	9	37,44
Summe:	762	748	24,97

Ferner wird er durch die Frauenabteilung auf der Ausstellung in Chicago bestätigt. Das grofse Frauengebäude war vor allem den Kunstarbeiten, wie Sticken, Malen, gewidmet. Einen weitern grofsen Platz nahm das Vereinsleben ein; eine stattliche Zahl Frauenvereine zu politischen, künstlerischen, literarischen, wohlthätigen Zwecken gab von ihrer Thätigkeit Zeugnis und warb um neue Mit-

---

[1] Sixth annual report S. 1275.

glieder, aus dem Staate New York waren allein über 100 vertreten. Dann folgte die Pflege der Kranken und Armen. Von der wirtschaftlichen Thätigkeit der Hausfrau zeugten nur wenige Spuren; eine mäfsig eingerichtete Küche war vorhanden, Beispiele von Flicken, Stopfen, einfachem Nähen fehlten fast ganz. Mag auch die Richtung für Frauenemancipation hier übermäfsig zu Wort gekommen sein, und haben auch die Arbeiterfrauen wenig Anteil an dieser Ausstellung gehabt, so trägt doch der Inhalt dieses Gebäudes viel zur allgemeinen Charakteristik der amerikanischen Frauen bei. – An einem andern Platz in der Ausstellung wurde ein Arbeiterhaus mit Insassen in voller Funktion ausgestellt. Der Zweck dieses Hauses bestätigte den obigen Gesamteindruck; man wollte den Arbeiterfamilien beweisen, dafs sie vielfach zu viel für Nahrung verbrauchen. Von Dollar 500 Einnahme würden Dollar 300 (60%) zur Ernährung verwendet, während man mit Dollar 200 (40%) diesen Zweck völlig erreichen könne. Die statistischen Zusammenstellungen darüber sind noch nicht erschienen; die Wahrscheinlichkeit hat jene Behauptung nach den Preislisten oben nicht gegen sich, wenn auch beim Experiment kein schwer arbeitender Eisenarbeiter verwendet wurde und noch mehrfach die gewöhnlichen Bedingungen modificiert waren.

Ebenso ist der amerikanische Arbeiter nicht sparsam. Hierfür spricht das »Treaten« oder Traktieren in den Restaurationen. Eine weit verbreitete Sitte ist, den Wirt, Freunde oder Fremde zu einem Trunk einzuladen und so binnen wenigen Minuten — man trinkt sehr schnell — eine grofse Zechschuld auf sich zu laden. - Die Tabelle über die durchschnittlichen Ausgaben der Roheisenarbeiter für Spirituosen, Tabak und Vergnügungen resp. Erholungen begründet dies ebenfalls [1]. Zu vergessen ist hierbei freilich nicht, daſs Spirituosen und Tabak in der Union der Steuer wegen teurer als in Deutschland sind; vielleicht beteiligen sich auch andre Familienglieder an diesen Ausgaben. –

Staat	Familien		Spirituosen		Tabak		Vergnügung u. Erholung	
	Gesamtzahl	Durchschnittliche Gröſse	Familien	Durchschnittliche Ausgaben	Familien	Durchschnittliche Ausgaben	Familien	Durchschnittliche Ausgaben
Alabama	143	4,3	117	17,15	127	15,24	125	13,75
Georgia	25	5,6	20	8,05	24	15,46	16	3,03
Illinois	40	4,3	33	61,73	32	11,04	21	11,90
New-York ..	56	5,5	14	85,14	50	5,44	9	12,93
Ohio	98	5,2	74	14,13	91	8,09	22	12,18
Pennsylvania .	313	5,3	161	13 90	273	11,54	134	8,62
Tennessee ..	51	4,6	44	9,18	37	11,99	44	15,88
Virginia	27	5,9	24	8,08	23	11,27	15	6,50
West-Virginia .	9	5,3	—	—	8	12,58	—	—
Summe:	762	5,0	487	17,61	665	11,46	386	11,28

Der Mangel an Voraussicht zeigt sich auch in der geringen Zahl der gegen Tod und Feuer Versicherten [2].

---

[1] Sixth annual report S. 1276. 1277.
[2] Sixth annual report S. 1276.

Staat	Gesamt-zahl der Familien	Versicherung			
		des Eigentums		des Lebens	
		Familien	Durch-schnitt-liche Ausgaben	Familien	Durch-schnitt-liche Ausgaben
Alabama . .	143	1	12,00	7	8,84
Georgia . . .	35	—	—	3	7,13
Illinois . . .	40	14	5,38	2	9,50
New-York . .	56	7	1,61	12	27,56
Ohio	98	56	4,76	37	16,08
Pennsylvania .	313	43	7,58	42	21,69
Tennessee . .	51	1	6,00	14	13,54
Virginia . . .	27	—	—	—	—
West-Virginia.	9	2	10,50	1	10,40
Summe:	762	124	5,79	81	18,13

Wie in Ausgaben für allgemeine Bildung, so stehn in diesen die nördlichen Staaten den südlichen voran.

Eine mangelhafte Hausökonomie beweisen endlich die zahlreichen Deficits in den Arbeiterbudgets. Diese sind selten aus Not entstanden; die meisten Budgets mit Unterbilanz enthalten reichliche Ausgaben für Nahrung, Wohnung u. s. w. Sie ergeben sich aus der falschen Verwendung der zu Gebot stehenden Güter. Über die Bilanz handelt weiter das nächste Kapitel.

5. Bilanz.

Dürften wir die allgemeine materielle Lage der Roheisenarbeiter allein auf Grund der Einnahmen und Ausgaben ihrer Budgets abschätzen, so wäre leicht zu bestimmen, ob sie Gleichgewicht oder Unter- oder Überbilanz zeigt. Für die Beantwortung unsrer Frage bietet diese engere Bilanz keine genügende Unterlage. Die Budgets können ungünstig abschliefsen und doch kann die allgemeine Lage günstig sein; auch das Umgekehrte ist möglich. Erst die weitere Bilanz, welche die wesentlichen Krafteinnahmen und Kraftausgaben der Gruppe gegenüberstellt, gestattet eine genauere Schätzung. Wir behandeln hier daher die engere und die weitere Bilanz.

Wie schon bemerkt, läfst sich die weitere Bilanz gegenwärtig nur qualitativ und allgemein aufstellen. Manche der einschlägigen Posten sind statistisch überhaupt nicht erfafsbar, die autoritative Lage der Gruppe spielt hier eine wichtige Rolle (die sogenannten Imponderabilien). Andre sind schwer erfafsbar, wie die Gröfse der Berufsarbeit und die Hausökonomie. – Wir müfsten eine absolute und eine relative Schätzung vornehmen; einmal wäre die Krafteinnahme und Kraftausgabe der Roheisenarbeiter mit sich allein zu vergleichen, dann die materielle Lage dieser Gruppe mit der der übrigen Stände. Hier ist allein die erstere Schätzung möglich. Die letztere, welche den socialen Organismus in seiner Gesamtheit berücksichtigt, ist indes die wichtigere. Ein Stand fragt nicht allein, ob er die für seine Funktionen nötigen Güter hat, sondern auch, was die andern erhalten. Je nachdem nun ein Volk centralistischen oder pluralistischen oder organischen Tendenzen folgt, ordnet sich ein niedrer Stand, wie die Roheisenarbeiter, autoritativ und materiell höhern Ständen absolut unter oder stellt sich gleich oder ordnet sich relativ unter. — Auch der Forscher unterliegt bei seiner Beurteilung der einen oder andern der drei grofsen Tendenzen. Ist er für strenge Über- und Unterordnung der Stände, so wünscht er von einem niedern Stand keine höhern Funktionen und hält hier schon einen Güteranteil für genügend, der unbedingt zur Erhaltung der niedern Funktionen erforderlich ist. Steht er auf der Linken und ist er vielleicht Socialist, so erkennt er nur ein Gleichgewicht an, wenn die niedern socialen Elemente autoritativ und materiell allen andern gleichstehn. Vertritt er die organische Richtung, so spricht er von Gleichgewicht, wenn der niedre Stand an den niedern und höhern Funktionen teilnimmt, genügenden Ersatz dafür erhält und autoritativ und materiell nicht übermäfsig hinter den andern zurücksteht.

Wir urteilen vom organischen Standpunkt aus und bilden uns auf Grund der Beschreibung in den vorigen Kapiteln und einiger weiteren charakteristischen Gesichtspunkte ein allgemeines Urteil über die materielle Lage der Roheisenarbeiter. Da wir die Kraftausgaben und Krafteinnahmen nicht zahlenmäfsig gegeneinander abwägen können, müssen wir die ungefähre Abschätzung beider durch Thatsachen zu stützen suchen, welche gewöhnlich für eine günstige oder ungünstige materielle Lage sprechen. Unsre Statistik giebt uns an, wie viel Arbeiter Überschufs oder Deficit in der Jahresbilanz haben; entscheidet auch der Jahresabschlufs nicht über die gesamte Lage, so bietet er doch mit andern Thatsachen zusammen ein wesentliches Beweismittel. Ferner sagt das Urmaterial, wie viel Arbeiter Häuser oder Vieh besitzen. Wichtig ist auch, welche Höhe die Ausgaben für Religion, Wohlthätigkeit und allgemeine Bildung erreichen; diese sind freiwillige und pflegen bei den niedern Ständen den Ausgaben für Nahrung, Wohnung, Kleidung nachzustehn. Weiter ist charakteristisch die Zahl der Hausfrauen, welche in Fabriken arbeiten und mit verdienen müssen. Endlich ist erheblich, ob die Industrie genügend funktioniert, ob ihre Arbeit Anklang findet und auf dem einheimischen Markt eine wachsende oder abnehmende Herrschaft ausübt. Keiner dieser Punkte ist für sich allein beweiskräftig; unter Berücksichtigung der obigen Beschreibung erlauben sie zusammen ein ziemlich wahrscheinliches Urteil. - Wir behandeln die Beweismittel in der obigen Reihenfolge. Die Tabellen des Arbeitsamts sind nach denselben Principien, wie die frühern, hergestellt. Wir haben nach dem Urmaterial berechnet, wie viel Familien unter den Tagelöhnern, Erzladern etc. Pennsylvaniens in der Jahresbilanz Überschufs oder Deficit haben, und wie hoch Beides durchschnittlich ist; ferner, wie viel Familien in Pennsylvanien und den übrigen Staaten Vieh besitzen. Gern hätten wir noch die Zahl der Familien mit gröfsern Ersparnissen und die Höhe derselben als Beweismittel benutzt; hierüber ist uns kein Material zugänglich geworden.

Die allgemeine materielle Lage der Roheisenarbeiter der Union ist nach der gesamten obigen Beschreibung im wesentlichen im Gleichgewicht; sie erhalten einen solchen Güteranteil, dafs sie ihre sämtlichen Funktionen ausreichend vollziehn können. — Zieht man die hohen Löhne und die niedern Preise für Nahrungsmittel in betracht und denkt man sich deutsche Roheisenarbeiter in diese Lage, so könnte man leicht zur Ansicht sich neigen, dafs die amerikanischen Roheisenarbeiter mit erheblichen Überschüssen arbeiten. Dem gegenüber ist zu erwägen, dafs die Roheisenarbeiter jedenfalls ein etwas höheres Arbeitsquantum liefern, dafs sie infolge ihrer höhern autoritativen Lage einer bessern Nahrung, Wohnung, Kleidung und einer gröfsern geistigen Anregung bedürfen, und dafs die Ausgaben für Wohnung und Kleidung etwas höhere sind. Aufserdem gehört zum Gleichgewicht, dafs ein geringer Überschufs der Krafteinnahme vorhanden ist; sonst würde jeder kleine Zufall es stören, ihm jede Stabilität fehlen. — Wer auf die höhern Löhne andrer amerikanischer Industrien blickt, wie die der Schuhindustrie, könnte leicht in die entgegengesetzte Ansicht verfallen. Demgegenüber fällt ins Gewicht, dafs die Hauptfunktion der Roheisenarbeiter, ihre Berufsarbeit eine relativ einfache ist, keine lange Vorbildung, keine besondre Geschicklichkeit, keinen weiten Überblick verlangt.

Der Abschlufs der Jahresbilanz der Roheisenarbeiter bestätigt dies Urteil. Nicht wenige Budgets zeigen freilich ein Deficit. Die Zahl derer mit Überschufs überwiegt indes die Zahl der vorigen, und der durchschnittliche Betrag der Überschüsse ist gröfser als der andre. Die Deficits sind ferner meistens abwendbar gewesen; die betreffenden Budgets zeigen oft hohe Einnahmen und bedeutende Ausgaben für Nahrung. Eine Familie hat unter den 94 Tagelöhnerfamilien Pennsylvaniens Dollar 200—300 Einkommen — die Einnahmen von den Kostgängern sind hier ihrem vollen Bruttobetrag nach eingestellt — und Deficit; 17 haben Dollar 300—400 Einkommen und 5 Überschufs, 12 Deficit; 33 haben Dollar 400—500 Einkommen und 19 Überschufs, 14 Deficit; 17 haben Dollar 500—600 Einkommen und 11 Überschufs, 6 Deficit; auch eine Familie mit Dollar 800 bis 850 Einkommen hat Deficit. In der Tabelle über die pennsylvanischen Roheisenarbeiter haben wir die Bilanzen der Arbeiter deutscher Herkunft gesondert aufgezeichnet; die zweite rührt vom Arbeitsamt her[1]. Unserm Erstaunen müssen wir Ausdruck geben, dafs die Rechnung aller Bilanzen aufgeht, dafs nirgends, wie dies bei häuslichen Budgets gewöhnlich, sich Rechnungsfehler zeigen. Der Posten „Diverse Ausgaben", der von 730 unter 762 Familien benutzt ist und als Durchschnittsbetrag Dollar 36,61 aufführt[2], scheint alles Unbekannte zu enthalten.

1.

Beruf	Gesamtzahl der Familien	Mit Überschufs	Durchschnittlicher Überschufs	Mit Deficit	Durchschnittliches Deficit	Mit Gleichgewicht	Deutsche Familien	Mit Überschufs	Mit Deficit
Tagelöhner	94	55	65,08	39	60,24	—	4	2	2
Fuhrmann	1	1	138,53	—	—	—	—	—	—
Erz- und Kokslader an resp. auf dem Ofen	67	52	80,00	15	45,81	—	2	2	—
Schmelzer, Giefser	3	3	188,54	—	—	—	—	—	—
Ofenwärter	13	10	118,11	3	20,64	—	1	1	—
Wärter der Winderhitzer	8	8	126,07	—	—	—	—	—	—

[1] Sixth annual report S. 1277.
[2] Ebendaselbst.

1. Fortsetzung.

Beruf	Gesamtzahl der Familien	Mit Überschufs	Durchschnittlicher Überschufs	Mit Deficit	Durchschnittliches Deficit	Mit Gleichgewicht	Deutsche Familien	Mit Überschufs	Mit Deficit
Maschinist	13	12	183,32	1	78,80	—	1	1	—
Heizer	5	3	109,90	2	50,82	—	1	1	—
Kesselwärter	2	2	18,42	—	—	—	1	1	1
Schlackenmann	14	10	68,01	4	42,15	—	—	—	—
Eisenlader	9	4	129,17	5	35,80	—	1	—	—
Eisenfahrer	29	24	97,06	4	64,53	1	—	—	—
Notierer, Aufseher	4	4	82,02	—	—	—	—	—	—
Kesselreparateur, Schlosser	2	2	224,51	—	—	—	—	—	—
Maurer	1	—	—	1	0,65	—	—	—	—
Schmied	7	7	170,55	—	—	—	—	—	—
Zimmermann	9	8	59,47	1	1,90	—	3	3	—
Vorarbeiter	3	2	94,10	1	33,30	—	—	—	—
Gehülfe	29	22	66,39	7	60,03	—	1	1	—

2.

Staat	Familien		Bilanz per Familie			
	Gesamtzahl	Durchschnittliche Gröfse	Überschufs		Deficit	
			Familien	Durchschnitt	Familien	Durchschnitt
Alabama	143	4,3	81	117,29	62	71,05
Georgia	25	5,6	19	78,38	6	18,96
Illinois	40	4,3	21	85,85	18	143,98
New-York	56	5,5	35	91,17	21	88,98
Ohio	98	5,2	69	115,39	29	51,13
Pennsylvania	313	5,3	229	90,93	83	52,30
Tennessee	51	4,6	39	95,02	12	46,95
Virginia	27	5,9	10	69,99	17	37,10
West-Virginia	9	5,3	8	191,85	1	126,81
Summe:	762	5,0	511	99,23	249	64,75

Häuser oder Vieh besitzt ein nicht geringer Procentsatz Familien. Wir fassen unter Grofsvieh Pferde, Kühe und Schweine zusammen und führen Geflügel besonders an; die genaue Zahl der Kühe etc. ist selten genannt.

Staat	Familien	Eigne Häuser	Grofs- vieh	Geflügel
Alabama	143	7	18	4
Georgia	25	—	10	6
Illinois	40	9	7	3
New-York	56	5	5	17
Ohio	98	62	14	19
Pennsylvania	313	92	127	115
Tennessee	51	2	14	12
Virginia	27	10	7	1
West-Virginia	9	2	1	—
Summe:	762	189	203	177

Die Ausgaben für Zwecke der Religion, für Wohlthätigkeit und allgemeine Bildung wollen wir nicht noch einmal einzeln aufführen. Von 762 Familien geben 570 unter der Rubrik Religion eine durchschnittliche Ausgabe von Dollar 7,76 an; 557 unter Wohlthätigkeit Dollar 2,76; 604 unter der Rubrik Bücher und Zeitungen Dollar 5,70. Die Ausgaben in den nördlichen Staaten überschreiten im ganzen diesen Durchschnittsbetrag.

Die Hausfrauen arbeiten sehr selten in Fabriken; sie können sich völlig der Erziehung der Kinder und dem Haushalt widmen. Nach der Statistik arbeiten nur in der Fabrik aus 313 Familien Pennsylvaniens 1 Hausfrau, aus 143 Familien Alabamas 5, aus 51 Familien Tennessees 1; die letzten beiden Staaten liegen im Süden.

Endlich ist ein Beweismittel die Art der Funktion der Industrie. Wächst ihre Produktion oder bleibt sie stabil und übt sie eine wachsende Herrschaft auf dem heimischen Markt aus, so spricht dies im ganzen für die Kraft ihrer materiellen Lage. Dies ist hier der Fall. Die Tabelle beschreibt in Tonnen die Gröfse der amerikanischen Roheisenproduktion und das Quantum, welches davon die Union verbraucht; ferner die Einfuhr fremden Roheisens und das Quantum, welches davon die Union verbraucht; zum Schlufs den Gesamtkonsum und den Procentsatz fremden Roheisens darin. Die Produktion ist für das Kalenderjahr berechnet, das übrige für das Rechnungsjahr[1].

Kalenderjahr	Produktion in tons	Jahr endend mit 30. Juni	Konsum amerikanischen Roheisens in tons	Einfuhr fremden Roheisens in tons	Konsum fremden Roheisens in tons	Gesamtkonsum in tons	Konsum fremden Roheisens in Procenten
1887	6 417 148	1888	6 407 772	325 517	324 947	6 732 719	4,83
1888	6 489 738	1889	6 476 773	176 727	176 257	6 653 030	2,65
1889	7 603 642	1890	7 585 184	146 772	146 772	7 731 956	1,90
1890	9 202 703	1891	9 189 268	81 916	81 656	9 270 924	0,88
1891	8 279 870	1892	8 263 930	82 891	82 732	8 346 662	0,99
1892	9 157 000	1893	7 104 434	62 936	62 836	7 167 270	0,88

Der Konsum fremden Roheisens in der Union nimmt von Jahr zu Jahr ab und zeigt nur 1891 einen geringen Zuwachs.

In Widerspruch mit unsern Ausführungen steht, dafs auch in der Union unter den Fabrikarbeitern teilweis Unzufriedenheit mit ihrer materiellen Lage herrscht, und die socialistische Bewegung Boden gewonnen hat. Unsre Aufgabe ist nicht, den komplicierten Gründen dieser Erscheinung nachzuforschen; wir müfsten sonst die gesamte

---

[1] Statistical abstract. Sixteenth number. S. 221.

Autoritäts- und Güterverteilung in der Union studieren. Eine Hauptursache ist die Gesamttendenz des amerikanischen Volks, sein pluralistisch-organischer Charakter. Die hohe Schätzung, welche dem Individuum — noch in organischen Grenzen — zu teil wird, macht die niedern Stände sehr empfindlich gegen Anormalitäten in der Güterverteilung. Daſs solche auch zu relativ normalen Zeiten in der Union, besonders im Osten existieren, ist bekannt; die Güteransammlung in der Wallstreet New-Yorks, wo die Geldfürsten ihre Geschäfte haben, muſs auch Beobachtern von rein organischer Richtung sehr bedenklich erscheinen. Einen weiteren Hauptgrund bilden die groſsen wirtschaftlichen Krisen, in welche die Union von Zeit zu Zeit fällt.

6. Sociale Pathologie.

Im organischen Leben, das im ganzen einen gewissen Beharrungszustand erreicht hat, läfst sich keine scharfe Grenze zwischen normalen und anormalen Zeiten ziehn; im menschlichen Organismus z. B. geht Normales und Annormales unmerklich in einander über. Noch viel weniger ist diese Sonderung im socialen Leben möglich, dessen Entwicklung viel jüngeren Datums ist, und welches in der Gegenwart zum ersten Mal ein gröfseres Gleichgewicht oder organisches Gepräge zeigt. Wie bei den Pflanzen und Tieren, tragen indes hier einzelne Erscheinungen so ausgesprochen anormalen Charakter, dafs sie unzweifelhaft als pathologische bezeichnet werden dürfen. Solche finden sich nicht selten im wirtschaftlichen Leben der Union. Während sie von religiösen und politischen Krisen ziemlich verschont bleibt, fallen ihre wirtschaftlichen Organisationen von Zeit zu Zeit in einen Zustand starker Lähmung. Diesen pathologischen Zuständen wenden wir jetzt unsere Aufmerksamkeit zu, um die Beschreibung der normalen Zeiten zu ergänzen.

Wir haben uns nicht mit den Ursachen und dem Verlauf dieser Krisen zu beschäftigen, sondern allein mit der materiellen Lage der Roheisenarbeiter in solchen. Sie sind gewöhnlich Folgen industrieller Überproduktion. Das Anwachsen des Exports von Rohprodukten vergröfsert die Nachfrage nach industriellen Erzeugnissen, besonders nach Eisenbahnen und andern Eisenprodukten; weiter wird die Vermehrung der industriellen Produktion begünstigt durch Verbefsrung der Maschinen und starke Einwanderung. Plötzlich läfst der Export nach, weil die Nachfrage des Auslands infolge guter Ernten oder Gütermangel geringer wird oder weil — dies seltner — grofse Mifsernten im Inland eintreten. Die Industrie folgt weiter ihrem Optimismus, bis die Preise rapid fallen; die Eisenbahnen rentieren vielfach nicht mehr, Banken brechen in Menge zusammen, die Produktion der Eisenindustrie stockt, die übrigen Industrien folgen ihr. Die Union ist ein junger Organismus; aus diesem Grunde treten die Krisen akut, mit grofser Gewalt auf, aus demselben Grunde verlaufen sie meistens ohne nachhaltige Folgen. Wegen der Plasticität des Organismus stofsen die hauptsächlich gefährdeten Industrien ihre überzähligen Elemente relativ leicht in andre Berufe oder ins Ausland ab; eine starke Rückwanderung findet gegenwärtig wieder von Amerika nach Europa statt. Hierdurch und durch niedre Preise für Nahrungsmittel tritt bald Genesung ein.

Beim Studium der materiellen Lage der Roheisenarbeiter in Krisen werden wir nur diese schweren pathologischen Zustände berücksichtigen. Auch Strikes sind anormale Erscheinungen. Sie sind indes meist keine Allgemeinerkrankungen, sondern lokaler Natur; aufserdem werden sie gewöhnlich von Gewerkvereinen geführt, welche ihre Mitglieder bis zum Ende des Strikes oder wenigstens längere Zeit unterstützen. Politische Krisen sind oft schwere anormale Zustände, welche die Güterverteilung tief beeinflussen. Wir können sie hier aufser Acht lassen, da ihre Wirkungen auf die Güterverteilung denen der wirtschaftlichen Krisen ähnlich sind.

Bei Erforschung unsres Objekts steht uns im wesentlichen nur das Erstlingswerk des Arbeitsamts in Washington über industrielle Krisen zu Gebot. Es hat, wie oben bemerkt, 1885 die grofse Krisis untersucht, die ungefähr von 1882—1886 dauerte. Wir werden uns deshalb auf jene Krisis beschränken und an diesem Fall die Verschlechterung der materiellen Lage der Roheisenarbeiter in anormalen Zeiten zu demonstrieren versuchen. Die Krisis ist typisch, weil sie zu den mittlern gehört; sie ist nicht so schwer gewesen, wie die von 1873—1878 oder die jetzige, und hat doch eine weite Ausdehnung gehabt. – Um uns über ihren Umfang zu orientieren, legen wir im allgemeinen dar, wie Import und Export der Union damals gefallen, wie viel Banken Konkurs gemacht, und welche Einschränkung die Produktion erlitten. Dann erörtern wir den Fall der Roheisenpreise, der Löhne der Roheisenarbeiter und der Preise wichtiger Nahrungsmittel, sowie welchen Schutz sie durch verständige Hausökonomie, besonders durch Hülfskassen gefunden. Endlich fragen wir, wie bald eine nachhaltige Erholung eingetreten ist. Die Tabellen bedürfen keiner allgemeinen Vorbemerkung. Das Arbeitsamt hat sie zum Teil andern Verfassern entlehnt; vor diesen Tabellen werden wir die Urheber bezeichnen, welche es nennt.

Durch wirtschaftliche Krisen erfährt die materielle Lage der Roheisenarbeiter eine Verschlechterung; das Gleichgewicht wird indes gewöhnlich nicht so erheblich gestört, dafs langdauernde materielle Schäden entstehn.

Über den Abfall des Exports und Imports der Union

giebt uns die nächste Tabelle Aufschluſs, welche vom statistischen Bureau des Schatzamts in Washington verfaſst ist[1].

Jahr endend mit 30. Juni	Gesamtausfuhr	Einfuhr	Aus- und Einfuhr
1880	835 638 658	667 954 746	1 503 593 404
1881	902 377 346	642 664 628	1 545 041 974
1882	750 542 257	724 639 574	1 475 181 831
1883	823 839 402	723 180 914	1 547 020 316
1884	740 513 609	667 697 693	1 408 211 302
1885	742 189 755	577 527 329	1 319 717 084

Das Jahr 1881 zeigt ein starkes Anwachsen des Exports, dann folgt ein jäher Absturz 1882; nach einem kurzen Aufstieg 1883 tritt ein mehrjähriger starker Niedergang ein; 1884 und 1885 fällt auch der Import bedeutend, welcher bis dahin sich gehalten hat und 1882 noch gestiegen ist. — Die folgende Tabelle belehrt uns über die Konkurse während der Krisis; das Arbeitsamt hat sie von R. G. Dun & Cie in New-York erhalten und erklärt, daſs sie glaubwürdige Thatsachen enthält[2].

Jahr	Zahl der Konkurse	Schulden	
		Betrag	Durchschnitt
1880	4 735	65 752 000	13 886 +
1881	5 582	81 155 932	14 538 +
1882	6 738	101 547 564	15 070 +
1883	9 184	172 874 172	18 823 +
1884	10 968	226 343 427	20 636 +
1885	10 637	124 220 321	11 678 +

---

[1] The first annual report of the Commissioner of Labor. March 1886. Industrial Depressions. Washington 1886. S. 72.
[2] Ebendaselbst S. 67.

Sehr charakteristisch für die Krisis ist die Zahl der Konkurse. Schon das Jahr 1881 läfst einen Anstieg bemerken; dieser ist indes nicht bedeutend, da 1880 relativ wenig Konkurse enthält. Rapide wächst dann die Zahl bis 1884, 1885 erfährt sie nur eine ganz geringe Minderung. Dafs die Krisis nicht übermäfsig schwer gewesen, geht aus der relativ geringen Höhe der durchschnittlichen Passiva in 1885 hervor. — Die Abnahme der Produktion zeigt sich markant in der Zunahme der Arbeitslosen. Sartorius von Waltershausen, der gründliche Kenner amerikanischer Arbeiterverhältnisse, berechnet die Zahl der 1884/85 feiernden Arbeiter für die 22 Hauptindustriestaaten der Union (Maryland, Virginia, West-Virginia, Kentucky, Missouri und alle nördlich von dieser Linie liegenden) auf 12 Procent der Gesamtzahl[1]. Er fufst dabei auf einer Schätzung der Handelsagentur Bradstreet vom Dezember 1884, welche die Zahl der Arbeitslosen auf 316 000 angiebt.

Die Preise des Roheisens erleiden besonders 1884 und 1885 eine starke Einbufse. Die Tabelle ist entnommen aus „The commercial and financial chronicle" vom 30. Januar 1886 und beschreibt die Durchschnittspreise für Roheisen (Nr. 1 Anthracite) in Philadelphia[2].

In den Jahren	1870	1871	1872	1873	1874	1875	1876	1877
Preis per Tonne (2 240 <i>tt</i>.) . . .	$33^{1}/_{4}$	$35^{1}/_{8}$	$48^{7}/_{8}$	$42^{3}/_{4}$	$30^{1}/_{4}$	$25^{1}/_{2}$	$22^{1}/_{4}$	$18^{7}/_{8}$

In den Jahren	1878	1879	1880	1881	1882	1883	1884	1885
Preis per Tonne (2 240 <i>tt</i>) . . .	$17^{5}/_{8}$	$21^{1}/_{2}$	$28^{1}/_{2}$	$25^{1}/_{8}$	$25^{3}/_{4}$	$22^{5}/_{8}$	$19^{7}/_{8}$	18

[1] Der moderne Socialismus in den Vereinigten Staaten von Amerika. Berlin 1890. S. 231 ff.
[2] The first annual report. S. 69.

Wir haben die Preise einer gröfsern Reihe Jahre aufgenommen, um darzulegen, dafs in der schweren Krisis von 1873/1878 die Preise mehr gewichen sind als in dieser. Ferner läfst sie einen durchgängigen Abfall der Preise erkennen, welcher zugleich mit der wachsenden Intensität und Quantität der Produktion eintritt. – Die Löhne der Roheisenarbeiter sind vom Arbeitsamt nicht so eingehend behandelt, wie in dem Specialwerk über die Eisenindustrie. Immerhin giebt uns die Tabelle von der Lohnlage einiger Gruppen in vier wichtigen Staaten ein anschauliches Bild. Um einen Vergleich mit den normalen Zeiten zu ermöglichen, haben wir für Pennsylvanien nach den durchschnittlichen Tagelöhnen — diese nennt das Arbeitsamt allein — den durchschnittlichen Jahreslohn berechnet und daneben den durchschnittlichen Jahreslohn gesetzt, welchen die betreffenden Gruppen unsrer frühern Beschreibung gemäfs 1888/1889 angegeben. Das Jahr ist zu 300 Arbeitstagen angesetzt[1]. (Siehe Tabelle S. 125.) In Pennsylvanien ergiebt sich für die Tagelöhner ein wesentlicher Abfall; auch die Erz- und Kokslader und die Maschinisten und Heizer gehn zurück. Die Löhne der Schlosser bleiben fast unverändert, die der übrigen Gruppen sind sogar höher. Die letztere eigentümliche Erscheinung erklärt sich wohl folgendermafsen. Die Leute, welche Arbeit behalten, sind besonders tüchtige; ferner hat das Arbeitsamt die Roheisenarbeiter mit andern Eisenarbeitern unter einer gemeinsamen Rubrik behandelt, vielleicht waren z. B. die genannten Zimmerleute teilweis in höher bezahlten Zweigen der Eisenindustrie thätig. Im ganzen hat sich die Lohnlage verschlechtert. Sämtliche Gruppen werden auch

---

[1] The first annual report. S. 159 ff.

Beruf	Pennsylvanien				Ohio		
	Gesamtzahl	Durchschnittlicher Tageslohn	Durchschnittlicher Jahreslohn 1885	Durchschnittlicher Jahreslohn 1888/89	Gesamtzahl	Durchschnittlicher Tageslohn	Durchschnittlicher Jahreslohn
Tagelöhner . .	1936	1,20	360,00	420,43	1161	1,08	324,00
Erz- und Kokslader (am resp. auf dem Ofen) .	46	1,54	462,00	514,04	175	1,30	390,00
Ofenwärter. . .	6	2,02	606,00	551,85	20	1,65	495,00
Maschinist . . .	93	2,00	600,00	701,13	118	1,82	546,00
Heizer	35	1,65	495,00	528,82	119	1,23	369,00
Schlackenmann .	30	2,03	609,00	505,29	50	1,45	435,00
Kesselreparateur, Schlosser. .	181	2,35	705,00	708,13	39	2,19	657,00
Zimmermann . .	43	2,50	750,00	606,33	21	1,88	564,00

Beruf	Virginia			New-York		
	Gesamtzahl	Durchschnittlicher Tageslohn	Durchschnittlicher Jahreslohn	Gesamtzahl	Durchschnittlicher Tageslohn	Durchschnittlicher Jahreslohn
Tagelöhner . .	389	0,92	276,00	1459	1,19	357,00
Erz- und Kokslader (am resp. auf dem Ofen) .	66	1,13	339,00	38	1,51	453,00
Ofenwärter. . .	6	1,93	579,00	6	1,79	537,00
Maschinist . . .	7	1,77	531,00	35	2,04	612,00
Heizer	5	1,27	381,00	—	—	—
Schlackenmann .	14	1,07	321,00	12	1,26	378,00
Kesselreparateur, Schlosser. . .	17	2,07	621,00	283	1,93	579,00
Zimmermann . .	14	1,57	471,00	8	1,99	597,00

11*

zeitweis gefeiert und keinen so hohen Jahreslohn eingenommen haben. Dreizehn Procente der Arbeiter, also auch jedenfalls der Roheisenarbeiter sind, wie oben bemerkt, zur völligen Arbeitslosigkeit gezwungen gewesen. Soweit diese Tabelle ein Urteil gestattet, ist der Fall des Lohns indes kein so grofser gewesen, dafs die Mehrzahl der Familien — die gleichen Preise der Nahrungsmittel vorausgesetzt — in schwere Not gekommen ist. — Die folgende Tabelle, welche vom statistischen Bureau des Schatzamts auf Grund der durchschnittlichen Exportpreise in New-York hergestellt ist, beweist die Preisabnahme wichtiger Nahrungsmittel [1].

Jahr endend mit 30. Juni	Weizenmehl per barrel	Speck u. Schinken per ℔	Gesalznes Schweinefleisch per ℔	Gesalznes Rindfleisch per ℔	Butter per ℔	Zucker per ℔
	Dollars	Cents	Cents	Cents	Cents	Cents
1880	5,878	6,7	6,2	6,4	17,1	9,0
1881	5,669	8,2	7,7	6,5	19,8	9,2
1882	6,149	10,0	9,0	8,5	19,4	9,7
1883	5,956	11,2	10,0	9,0	18,5	9,2
1884	5,588	10,2	7,9	7,6	18,2	7,1
1885	4,897	$9^3/_7$	6,3	7,5	16,8	6,4

Die geringern Preise der Nahrungsmittel wirken dem Fall des Lohnes entgegen. Die Roheisenarbeiter hatten eine geringere Summe für ein bestimmtes Quantum Mehl, Zucker etc. zu zahlen, als früher. Hiernach stellt sich die materielle Lage der beschäftigten Majorität der Roheisenarbeiter wohl als verschlechtert, nicht aber als schwer geschädigt dar. — Wie die materielle Lage der beschäftigungslosen Roheisen-

---

[1] The first annual report. S. 75.

arbeiter sich gestaltet, hängt wesentlich von ihrer Hausökonomie ab. Diese ist, wie wir oben ausführten, im allgemeinen wenig entwickelt. Besonders sind Unterstützungskassen für solche Fälle kaum vorhanden. Sartorius von Waltershausen führt aus, dafs die Gewerkvereine, die hier hauptsächlich in betracht kämen, fast nur für Strikes organisiert sind und sich zuweilen in grofsen Krisen aus Mangel an Beiträgen sogar auflösen[1]. Die Arbeitslosen fallen demnach zum Teil in schwere materielle Bedrängnis. Wie grofs diese werden kann, darüber fehlt uns statistisches Material.

Zu Gunsten der Roheisenarbeiter spricht, dafs die Heilung nach einer Krisis energisch eintritt. Dies bewirken besonders die niedern Lebensmittelpreise und die Plasticität des Gesamtorganismus. Die besonders gefährdeten Industrien stofsen leichter als bei ältern Völkern einen Teil der überschüssigen Elemente ab. Da nicht viel nach langer Vorbildung und Zeugnissen gefragt wird, können andre Berufe ergriffen werden, die nicht so überlastet sind; Ausländer wandern — wie jetzt vielfach die Italiener und Ungarn in den pennsylvanischen Eisendistrikten — mit ihren Ersparnissen zurück in ihre Heimat. Die Energie der Heilung der materiellen Lage der Roheisenarbeiter nach der Krisis von 1882/1886 wird am besten durch die folgenden Ziffern über die Roheisenproduktion der Union charakterisiert; wir haben diese Tafel schon einmal erwähnt[2].

---

[1] Die nordamerikanischen Gewerkschaften unter dem Einflufs der fortschreitenden Produktionstechnik. Berlin 1886. S. 295 ff.

[2] Annual statistical report of the american iron and steel association. Anhang S. 7.

Jahre	Produktion in grofstons
1881	4 144 254
1882	4 623 323
1883	4 595 510
1884	4 097 868
1885	4 044 526
1886	5 683 329
1887	6 417 148

Nach den schlimmen Jahren 1884/1885 folgt ein Aufschwung, welcher die Produktion vor der Krisis weit übertrifft.

Waltershausen hat die Überzeugung ausgesprochen, dafs die Produktion durch die frühern Krisen belehrt wird, und diese jedenfalls dadurch allmählich an Intensität verlieren werden; so sei die Krisis von 1882/1886 nicht so schwer wie die von 1873/1878 gewesen [1]. Die Überzeugung teilen wir im wesentlichen. Der Charakter der höchsten Völker wird sich für die nächste Zukunft allem Anschein nach wachsend in organischer Richtung bewegen; hierfür spricht die Zunahme des Einflusses der Wissenschaft, die Ausdehnung der internationalen Vertragspolitik, die Anerkennung berechtigter Forderungen der niedern Klassen u. s. w. Die Belehrung durch Erfahrung und Wissenschaft wird auf Grund dieser Richtung mehr und mehr einflufsreich werden und die Krisen mildern. In der Union lassen sich viele hoffnungsvolle Anfänge dazu erkennen. Die Wissenschaft im allgemeinen, gewerbliche Fortbildungsschulen, Handfertigkeitsunterricht in den Volksschulen (public schools), Haushaltungsschulen (schools for domestic science) erfahren zu-

---

[1] Der moderne Socialismus in den Vereinigten Staaten von Amerika. Berlin 1890. S. 231 ff.

nehmende Pflege; die Ausstellung in Chicago gab hiervon
beredtes Zeugnis. Hiernach wird die materielle Lage der
Roheisenarbeiter im wesentlichen keine schwerere Schädigung in der nächsten Zukunft erleiden als bisher, und somit unsre Gesamtauffassung oben sich wahrscheinlich weiter
bestätigen. - Dies Alles indes nur im wesentlichen. Die
gegenwärtige Krisis ist ernster, als die in 1882/1886. Unter-
richtete Blätter sprechen von 2 Millionen Arbeitslosen und
16000 bis 17000 Konkursen; viele Arbeiterunionen haben
sich aus Mangel an Beiträgen aufgelöst. Mag die Zahl der
Arbeitslosen übertrieben sein; beide Zahlen sind sicher bedeutend gröfser als während der letzten Krisis, auch wenn
man die Zunahme der Bevölkerung, der Gewerbebetriebe
und kaufmännischen Geschäfte in Rechnung zieht. Über
den Zustand der Gruppe der Roheisenarbeiter in dieser
Periode sind wir nicht informiert. Voraussichtlich ist er
mehr verschlechtert, als in der letzten Krisis. Schon 1893,
wo die Krisis erst begann, ist die Gesamtproduktion des
Roheisens in der Union von 9157000 tons (1892) auf
7124502 zurückgegangen [1]. In dem Rechnungsjahr 1893
(endend 30. Juni) ist der Export an Rohstoffen schon bedeutend gefallen; so der Export der Brotstoffe (breadstuffs)
von Dollar 299363117 (1892) auf 200312654 [2]. Die Ernte
1894 verspricht in Europa gut zu werden; somit steht ein
weiterer Fall des Exports der Union und eine Verlängerung
der Krisis in Aussicht.

---

[1] Statistical abstract. Sixteenth number. S. 220.
[2] Ebendort S. 154.

Schluſs.

Wir haben ein Bild von der allgemeinen materiellen Lage der Roheisenarbeiter der Vereinigten Staaten von Amerika zu entwerfen versucht. In der Einleitung besprachen wir Objekt und Methoden im allgemeinen. Um den Leser in amerikanische Verhältnisse einzuführen, kamen wir kurz auf den Gasamtcharakter der Union. Die Wahl unsres engeren Objekts begründeten wir damit, daſs es den Güteranteil eines niedern Standes mit einfachen Funktionen beobachten läſst. Unter der Methodik schilderten wir die Organisationen, welche unser Urmaterial beschafft, und deren Funktionen bei seiner Herstellung; auch charakterisierten wir, welche Methoden zur Organisierung des Materials der Verfasser angewendet. – Hierauf führten wir die wichtigsten Kraftausgaben der Roheisenarbeiter vor. Möglichst eingehend behandelten wir die Berufsarbeit der Untergruppen, wie der Tagelöhner etc., um ein Urteil über den Grad ihrer Feinheit, Schwere, Gefährlichkeit und Verantwortlichkeit zu gewinnen. Hieran schloſs sich die Beschreibung der Kraftausgaben an Familie, Religion, Staat, Wissenschaft und die natürliche Umgebung. – Unter den Krafteinnahmen beschrieben wir mit Betonung Pennsylvaniens die Löhne, die Qualität und Quantität der dafür gekauften Güter und die Hausökonomie. Wir stellten die Löhne fest, welche aus der Arbeit der Familienväter, Frauen und Kinder an die verschiednen Untergruppen fallen, und besprachen die Nebeneinnahmen von Kostgängern, Schläfern und aus andern Quellen. Unter den Kosten der Lebenshaltung führten wir die Preise der wichtigsten Güter im allgemeinen an und die speciellen Güter, welche die Untergruppen für die obigen Einnahmen erstanden. Der Abschnitt über die Hausökonomie schilderte, wie die Güter ihrer Verwendung entgegengeführt, zum Verbrauch vorbereitet wurden. – Die Kraftausgaben und Krafteinnahmen verglichen wir in der Bilanz. Die Bilanz war eine absolute, keine relative; ein Vergleich der materiellen Lage der Roheisenarbeiter mit der andrer Berufe innerhalb der Eisen- und Stahlindustrie und der andrer Stände konnte hier nicht unternommen werden. – Die Beschreibung der normalen Zustände ergänzten wir durch eine kurze Darstellung der Krisen.

Die materielle Lage der Roheisenarbeiter ist nach allem im wesentlichen in Gleichgewicht. Während Krisen erleidet sie eine Verschlechterung, die gewöhnlich keine nachhaltige Schädigung nach sich zieht. – Diese Darstellung ist nicht ohne weiteres auf alle niedern gewerblichen Berufe auszudehnen. Die Stellung mancher Arbeitergruppen im Bergbau, wie die der Kohlen- und Koksarbeiter, ist ungünstiger. Andre einfache Berufe, wie die Stahlarbeiter, sind günstiger gestellt. Sie giebt uns indes gewissermafsen ein Durchschnittsbild von der materiellen Lage einfacher gewerblicher Berufe in der Union.

Unser Bild bleibt unvollkommen aus vielen Gründen objektiver und subjektiver Natur. – Die Beweglichkeit oder Plasticität, welche wir im beginn als allgemeines Merkmal der Union hervorgehoben, liefs uns nicht zu genauer theoretischer Erfassung des Thatbestands kommen. Die vielen örtlichen und zeitlichen Differenzen machten alle Durchschnittsberechnungen unsicher und minderten andrerseits auch den Wert weitgehend individueller Beschreibung. Ferner hemmten Mifstrauen von Seiten der Unternehmer und Unkenntnis von Seiten der Arbeiter die exakte Fixierung des Urmaterials. – Bedeutender sind die Mängel der Forschung. Die Organisationen zur Beschaffung unsres Urmaterials, besonders das Arbeitsamt in Washington, zeigten zwar eine rege Entwicklung und gaben manche Garantie für genaue Feststellung des Thatbestands; sie waren indes nicht ohne Mängel, vor allem die wissenschaftliche Ausbildung der Beamten genügte nicht den notwendigen Anforderungen. Weiter war der Umfang des statistischen Urmaterials nicht bedeutend; wir sahen uns durchgängig auf Stichproben angewiesen und in der socialen Pathologie auf sehr geringe. Dann gab seine Qualität zu Bedenken Anlafs. Offenbar wurden nur tüchtige Roheisenarbeiter ausgewählt; andre hätten solche Rechnungen nicht geliefert, Arbeiter schlechterer Qualität, wie Einwandrer von Ungarn, Rufsland, Italien, konnte man nicht berücksichtigen. Nur die Jahreslöhne liefs man die Roheisenarbeiter angeben, nicht die speciellen Tageslöhne. Die Kosten der Lebenshaltung waren mehrfach gut specialisiert; wir vermifsten indes ein näheres Eingehn z. B. auf die Bekleidung und blieben im Zweifel, ob die leeren Rubriken in den Tabellen nicht ausgefüllt waren, weil kein Verbrauch hier stattfand oder weil die Arbeiter keine Angaben zu liefern vermochten. Endlich konnten wir die Krafteinnahmen und Kraftausgaben vielfach nicht quantitativ genau vorführen und nur eine allgemeine Bilanz aufstellen.

Trotz dieser Mängel kann eine solche Beschreibung von Nutzen sein. Sie gewährt eine bessre Grundlage für die Erklärung und die Anwendung, als diese nach vorwiegend deduktiven Methoden früher oft gefunden haben. Sind auch die statistischen Ämter und ihre Arbeiten noch nichts Vollkommnes, so bedeuten sie doch jetzt schon einen gewaltigen Fortschritt in organischer Richtung. Noch mehr als das Experiment der Naturwissenschaften charakterisieren sie die Gesamttendenz der Zeit. Ohne eine gewaltige Summe von Vertrauen innerhalb der forschenden Kreise und zwischen der Wissenschaft und den andern Ständen konnte sich diese Hülfsorganisation der Wissenschaft nicht entwickeln und kann sie sich in Zukunft nicht voll entfalten.

Ihre weitere Stütze wird diese Beschreibung, wie alle ähnlichen Specialbeschreibungen, in der Darstellung andrer Arbeitergruppen und im erklärenden Teil finden. Relativ fest steht erst, was induktiv und deduktiv zugleich, durch organisches Zusammenwirken beider Methoden bestätigt ist. Dies ist unsere weitere Aufgabe.

www.ingramcontent.com/pod-product-compliance
Lightning Source LLC
Chambersburg PA
CBHW022113160426
43197CB00009B/1004